Beiser

Wildkräuter – von der Wiese auf den Teller

Rudi Beiser

Wildkräuter
Von der Wiese auf den Teller

Mit 42 vitalen Rezepten

TRIAS

Inhalt

Das »wilde Leben« fängt hier an

Direkt vor Ihrer Haustür beginnt das Abenteuer Wildkräuter, das Ihnen einen neuen Blick auf die heimische Pflanzenwelt eröffnen wird. Und ganz kostenlos, als Extrabonus, schenken uns die wilden Kräuter Gesundheit und grüne Power!

Das Selbstsammeln essbarer Wildpflanzen draußen in der Natur ist ein Erlebnis, das Freude macht. Man ist dabei in der frischen Luft, hat Bewegung und lässt die Hektik des Alltags hinter sich.

Wenn Sie sich bisher noch nicht mit dem Sammeln wilder Kräuter beschäftigt haben, dann gibt es auch Unsicherheit und Zweifel: Viele Pflanzen sind Ihnen vielleicht unbekannt, könnten sogar giftig oder unverträglich sein? Mit diesem Buch in den Händen können Sie beruhigt loslegen, denn es hält für Sie ein paar Besonderheiten bereit, die Ihnen den Einstieg ins »wilde Leben« erleichtern werden:

Viele Hundert Pflanzen unserer heimischen Flora sind zwar essbar und genießbar, aber richtig gut schmecken die wenigsten. Nur wirklich schmackhafte Wildgenüsse sollen den Weg in Ihre Küche finden! Die Pflanzenporträts halten viele Zubereitungsideen und Rezepte bereit, die einfach nachzukochen sind und die die Raffinesse der Wildkräuter zur Geltung kommen lassen. Wer hätte gedacht, dass Wegerichblüten Champignons ersetzen können?

Im »Gesundheits-Check« erfahren Sie, welche Fülle an Vitaminen, Mineralien und sekundären Pflanzenstoffen, die unseren Körper gesund erhalten, in Wildpflanzen enthalten sind. Sie können sie also nicht nur als Nahrungspflanzen, sondern auch als Heilpflanzen und als Fitmacher für den Stoffwechsel und zum Entgiften nutzen.

Ich wünsche Ihnen viel Freude beim Entdecken und Sammeln der Wildpflanzen sowie gutes Gelingen beim Ausprobieren der Rezepte.

Rudi Beiser

Die Natur schenkt uns eine Fülle an essbaren Wildpflanzen. Direkt vor unserer Haustür wachsen kulinarische Köstlichkeiten, die von Ihnen entdeckt werden wollen. Mit diesem Buch lernen Sie die delikaten Genüsse sicher zu erkennen und schmackhaft auf den Tisch zu bringen.

Wildkräuter

GESUND UND VOLLER POWER

Wildkräuter sind nicht nur unglaublich gesund. Richtig verarbeitet bereichern sie Ihren Speiseplan und bringen Ihren Stoffwechsel in Schwung.

Born to eat wild

Hier erfahren Sie, warum Wildkräuter so gesund sind, und Sie bekommen zahlreiche Tipps für das richtige Sammeln und Verarbeiten.

Wildkräuter – Urnahrung der Menschheit

»Born to be wild« hieß ein Rocksong Ende der 1960er-Jahre, der durch den amerikanischen Kultfilm »Easy Rider« bekannt wurde. Das Lebensgefühl des Songs und des Films passt auch gut zu unserer Ernährung: Den größten Teil der Menschheitsgeschichte waren wir »wild und frei«, das heißt, unsere Nahrung bestand aus wilden Pflanzen und wilden Tieren. Wir waren nicht sesshaft, sondern zogen frei als Sammler und Jäger durch die steinzeitliche Welt. Etwa 99 Prozent der Menschheitsgeschichte haben wir uns überwiegend von wilden Pflanzen und Früchten ernährt. Dies ist vermutlich auch der Grund, warum der menschliche Körper im Gegensatz zu anderen Säugetieren Vitamin C nicht selbst herstellen kann. Unser Organismus hat sich über Jahrmillionen tagtäglich so reichhaltig mit Vitamin-C-haltigen Pflanzen versorgt, dass eine Selbstsynthese nicht erforderlich war. Ergänzt wurde der überwiegend pflanzliche Steinzeit-Speiseplan (ca. 80 Prozent) durch erjagte Wildtiere. Die heimischen Wildpflanzen sind sozusagen die Urnahrung der Menschheit. Demnach können wir den Song getrost umbenennen in: »Born to eat wild«! Wir sind geboren, um wild zu essen, denn die Wildkräuter sind dem menschlichen Organismus evolutionär bestens angepasst. Die wilde Nahrung der altsteinzeitlichen Sammler und Jäger war keineswegs eine Mangelernährung. Skelettuntersuchungen haben gezeigt, dass sie besser und ausgewogener versorgt waren als die jungsteinzeitlichen Ackerbauern, die sesshaft waren und Pflanzen- und Tierzüchtung betrieben. Man stellte fest, dass Sammler und Jäger weniger Krankheiten und bessere Zähne hatten. Außerdem wurden sie größer und älter.

Es ist eigentlich logisch: Eine Ernährung, die für uns geschaffen ist, tut unserem Organismus gut und wird gut vertragen. Deshalb sind Wildkräuter für uns richtige Gesundheitspakete. Leider sind sie komplett aus unserer Ernährung verschwunden.

Die Überlegenheit der Wildkräuter

Vergleicht man die Inhaltsstoffe der Wildkräuter mit unseren modernen Gemüsesorten, kommt man ins Staunen: Sie enthalten ein Vielfaches an Proteinen, Vitaminen, Mineralien und sonstigen bioaktiven Substanzen (siehe Abschnitt »Grüne Pflanzenpower«). Wie kann das sein? Die modernen Gemüsesorten wurden doch alle irgendwann aus Wildpflanzen entwickelt? Pflanzenzüchtung und Tierzüchtung haben ihren Ursprung vor etwa 10 000 Jahren, als die ersten Menschen sesshaft wurden. Es war ein langer Weg von den wilden Kräutern bis hin zu den genormten Hochertragssorten und dabei sind leider nicht nur Vorteile zutage getreten. Unsere Kulturgemüse und Kulturgetreide haben ein komplett anderes Nährstoffprofil als ihre wilden Vorfahren. Viele wertvolle Inhaltsstoffe gingen verloren. Außerdem sind sie anfälliger gegenüber Krankheiten und Schädlingen geworden. Nicht besser sieht es bei der tierischen Nahrung aus: Die hochgezüchteten Nutztiere aus Massentierhaltung haben kaum noch Gemeinsamkeiten mit der Jagdbeute der steinzeitlichen Jäger.

Angesichts der zahlreichen ernährungsbedingten Krankheiten in den reichen Ländern unseres Planeten ist eine Rückbesinnung überlegenswert: »We are born to eat wild!« Keine Angst, wir müssen deshalb nicht zurück in die Steinzeit, aber schon ein bisschen mehr an »wilder Nahrung« auf dem Speiseplan liefert eine Extraportion Gesundheit, die unser körpereigenes System stärkt. Und das Tolle dabei: Wildkräuter machen Spaß, sind kostenlos und bringen jede Menge neue Geschmackserlebnisse!

Grüne Pflanzenpower – stark und gesund

Ein neues Modewort geistert seit einiger Zeit durch die Medien und bei der Internetsuche erzielt es über 13 Millionen Treffer: Superfood! Als ich den Begriff zum ersten Mal hörte, dachte ich zunächst an eine Werbekampagne der rasant wachsenden Nahrungsergänzungsmittel-Industrie. Was sind »Superfoods«? Es handelt sich um Lebensmittel, die eine überdurchschnittlich hohe Konzentration an Nährstoffen aufweisen, also eine besonders hohe Nährstoffdichte haben. Gemeint sind mit den Nährstoffen weniger die Makronährstoffe (Fette, Kohlenhydrate, Eiweiße), sondern vor allem die lebenswichtigen Mikronährstoffe, also Vitamine, Mineralien und Spurenelemente. Superfoods zeichnen sich aber auch noch durch einen außergewöhnlichen Gehalt an Sekundären Pflanzenstoffen (z. B. Polyphenole) aus. Diese Stoffe wirken sehr positiv auf unsere Gesundheit, denn darunter befinden sich starke Antioxidanzien, die unsere Körperzellen vor Krebs schützen und unser Immunsystem stärken. Antioxidanzien sind in aller Munde, weil sie als Radikalfänger gelten. Die schädlichen freien Radikale stammen z.B. aus Zigarettenrauch, entstehen aber auch auf natürliche Weise beim Stoffwechsel im Körper. Zu den Superfoods zählen viele Exoten, wie z.B. Chia-Samen, Acai-Beere, Goji-Beere und Granatapfel, aber auch einige heimische Pflanzen, wie Grünkohl und Heidelbeere. Es gibt jedoch noch ein vergessenes, kostenloses, regionales und ganz ursprüngliches Superfood: nämlich unsere essbaren Wildpflanzen!

Wild ist Super(food)!

Die ursprünglichen Wildpflanzen enthalten durchschnittlich dreimal so viel Proteine, Vitamine, Mineralien und Spurenelemente wie unsere aus der Züchtung hervorgegangenen Gemüsesorten. So enthält beispielsweise der Löwenzahn siebenmal mehr Pro-Vitamin A als die Endivie und das Gartenunkraut Giersch hat viermal mehr Proteine als Feldsalat. Auch der Gehalt an den sogenannten Sekundären Pflanzenstoffen ist wesentlich höher. Ihre große Bedeutung für unsere Ernährung und Gesundheit wurde erst in den letzten Jahren erkannt. Jede Wildpflanze enthält mehrere Hundert bis Tausend Sekundäre Pflanzenstoffe, die auch »Phytochemicals« genannt werden. Zu diesen zahlreichen chemischen Verbindungen gehören die Heilstoffe der Phytomedizin, wie Bitterstoffe, Carotinoide oder Senfölglykoside. Die Sekundären Pflanzenstoffe sind die wichtigsten Akteure beim Schutz vor Erkrankungen, denn sie wirken antioxidativ, antimikrobiell, antikanzerogen, antientzündlich, blutdruck- und cholesterinsenkend. Außerdem entgiften und reinigen sie unseren Organismus. Wenn wir also Wildkräuter in unseren Speiseplan integrieren, schützen uns die darin enthaltenen Inhaltsstoffe tagtäglich präventiv. Sie können aber auch gezielt bei bestimmten Erkrankungen eingesetzt werden: Jede Wildpflanze ist nicht nur protektives Nahrungsmittel, sondern gleichzeitig Heilpflanze. Hier erfüllt sich wunderbar der uralte Lehrspruch des griechischen Arztes Hippokrates: »Eure Nahrung soll euer Heilmittel sein. Eure Heilmittel sollen eure Nahrung sein.« Im »Gesundheits-Check« bei den Pflanzenporträts können Sie nachlesen, welche Inhaltsstoffe die jeweilige Wildpflanze auszeichnen und welche Heilwirkung sie hat.

Der Grund, weshalb Wildkräuter für unseren Organismus so super sind, ist die Tatsache, dass es sich um unsere Urnahrung handelt (»Born to eat wild«, Seite 10). Mensch und Wildpflanze haben sich im Laufe der Evolution gemeinsam entwickelt und angepasst. Genau genommen haben wir gemeinsame Vorfahren und ein sehr ähnliches Immunsystem. Deshalb wirken die Sekundärstoffe auch bei uns so vorzüglich!

Jetzt wird gesammelt!

Egal, ob Sie in der Stadt oder auf dem Land wohnen, sobald Sie vor die Tür treten und Ihren Blick auf den Boden lenken, werden Sie die ersten Wildpflanzen entdecken. Theoretisch könnten Sie nun gleich loslegen, aber ein paar grundlegende Tipps und Hinweise können hilfreich sein:

Sicher bestimmen

Mithilfe dieses Buches können Sie die wichtigsten essbaren Wildkräuter identifizieren. Betrachten Sie die Fotografien ganz genau und überprüfen Sie anhand des »Sicherheits-Checks« die charakteristischen Merkmale der gefundenen Pflanze. Dadurch können Sie Verwechslungen mit ziemlicher Sicherheit ausschließen. Dort werden auch alle ähnlich aussehenden Pflanzen aufgeführt. Meistens können diese ebenfalls gesammelt und gegessen werden, doch es gibt manchmal giftige Verwechslungspflanzen. Wenn Sie sich also nicht ganz sicher sind, lassen Sie die Pflanze stehen oder fragen Sie einen Kräuterexperten. Es kann sehr hilfreich sein, an einer geführten Wildkräuterexkursion teilzunehmen und die Pflanzen am Naturstandort kennenzulernen.

Wo darf gesammelt werden?

Sie dürfen für den privaten Gebrauch überall in der freien Natur Wildkräuter sammeln, das erlaubt das Bundesnaturschutzgesetz. Die entnommene Menge muss wie beim Pilzesammeln verhältnismäßig sein, also pro Person ein Körbchen oder ein Handstrauß. In Naturschutzgebieten gilt allerdings absolutes Sammelverbot! Wenn Sie sich auf fremden Flächen bewegen, dann ernten Sie möglichst so achtsam, dass sich der Eigentümer z.B. nicht über eine zertrampelte Wiese ärgern muss. Um den Pflanzen am Fundort einen Fortbestand zu ermöglichen, lassen Sie immer einen Teil stehen und ernten Sie an anderer Stelle weiter.

Sammeln Sie im eigenen Interesse nicht in der Nähe von viel befahrenen Straßen und nicht in der Nähe von Feldern, die mit Pestiziden gespritzt werden. Auch Wege, wo Hunde ausgeführt werden, sollten Sie aus Ihrer Sammelroute streichen. Das Gleiche gilt für Wiesen, auf denen Tiere weiden.

Die Sammelausrüstung

Die Ausstattung ist im Vergleich zu vielen Outdoor-Aktivitäten günstig und übersichtlich. Zum Bestimmen und Identifizieren der Pflanzen kann eine Lupe sehr nützlich sein, beispielsweise um die typische Behaarung am Stängel der Vogelmiere gut zu erkennen. Zum Ernten der Kräuter benötigen Sie ein scharfes Messer oder eine Schere. Bei manchen Pflanzen, wie Brennnesseln, sind eventuell Handschuhe erforderlich. Für das Ausgraben von Wurzeln sind eine kleine stabile Schaufel oder ein Wurzelstecher sehr hilfreich. Fehlt nur noch ein Transportbehälter, in dem die gesammelten Pflanzen luftig und ohne Quetschen Platz finden. Dazu eignen sich Weidenkörbe.

Richtig gesammelt

Wenn Sie bei Ihrer »Sammeltour« viele verschiedene Pflanzen aufspüren, ist es von Vorteil, diese im Transportbehälter nach Arten zu trennen. Zum einen werden die Kräuter in den Rezepten oft getrennt gebraucht, zum anderen können Sie so zu Hause nochmals viel besser prüfen, dass wirklich keine ungenießbaren oder giftigen Pflanzen dazwischengeraten sind.

Grundsätzlich kommen nur junge Blätter und Triebe in den Sammelkorb, denn Wildpflanzen neigen dazu, im späteren Stadium eine faserige Konsistenz und einen herben und bitteren Geschmack zu entwickeln. Das Frühjahr ist deshalb die beste Sammelzeit, denn die frisch austreibenden Wildpflanzen sind jetzt noch sehr mild. Da Wiesen und Wegränder aber immer wieder gemäht werden, finden Sie auch im Sommer frische, zarte Triebe. Selbst im Winter können Sie noch zahlreiche Wildpflanzen finden, zumindest wenn der Boden schneefrei ist.

Fuchsbandwurm – geringes Risiko

Es gibt kaum einen Wildkräuterkurs, bei dem ich nicht auf das Thema »Fuchsbandwurm« angesprochen werde. Trotz Schwere der Erkrankung gibt es keinen Grund zur Beunruhigung, denn die meldepflichtige Infektion ist außerordentlich selten. Der Mensch ist nicht besonders empfänglich für die Erkrankung, weshalb eine Mehrfachaufnahme der Wurmeier vonnöten ist, um sie überhaupt auszulösen. Jährlich erkranken in ganz Deutschland nur etwa 20 Menschen, das Risiko ist also sehr gering. Es ist kein einziger Fall dokumentiert, der auf den Genuss von Wildpflanzen oder Waldpilzen zurückzuführen wäre. Die allergrößte Risikogruppe sind Hunde- und Katzenbesitzer (70 Prozent), die sich über das eigene Tier infizieren. Ebenfalls gefährdet sind Menschen, die beruflich im Wald oder in der Landwirtschaft tätig sind. Sie infizieren sich allerdings nicht durch die Nahrung, sondern meist über das Einatmen von Stäuben. Die Wurmeier sind leicht wie Staub und werden bei der Heuernte oder bei Waldarbeiten aufgewirbelt. Einen 100-prozentigen Schutz vor der sehr seltenen Erkrankung gibt es nicht, aber durch gründliches Waschen der Wildpflanzen wird das geringe Risiko minimiert. Das gilt übrigens auch für alles Obst und Gemüse, das im Freiland wächst, denn hier ist die Gefährdung nicht kleiner als beim Gänseblümchen im Rasen oder beim Spitzwegerich auf der Wiese. Bei gekochter Nahrung müssen Sie keine Bedenken haben, denn schon das Erhitzen auf 60 °C für wenige Minuten tötet die infektiösen Eier ab.

Tipps zur Verarbeitung der wilden Gesellen

Verarbeiten Sie Ihre gesammelten Wildkräuterschätze möglichst ganz frisch, am besten nur wenige Stunden nach der Ernte. Sie sparen sich in der Küche viel Arbeit, wenn Sie die Pflanzen schon beim Ernten, also bevor sie ins Körbchen kommen, genauer anschauen. Sortieren Sie deshalb gleich draußen schmutzige, kranke und angefressene Pflanzenteile aus. Bei bodenständigen Blattrosetten (z. B. Löwenzahn, Spitzwegerich) nehmen Sie am besten nur das innere »Herz«. Das ist in der Regel nicht nur sauberer, sondern auch besonders fein und zart.

Langsam an Bitterstoffe herantasten

Die Pflanzenzüchtung hat unsere Gemüse- und Salatpflanzen vor allem auf milden Geschmack getrimmt. So wurden beispielsweise die Bitterstoffe in unseren Lebensmitteln weitgehend zurückgedrängt. »Was bitter im Mund, ist für den Magen gesund« heißt ein altes, weises Sprichwort. Bitterstoffe stärken nicht nur unseren Organismus und unsere Verdauung, sondern sie helfen auch beim Abnehmen. Es sind natürliche Appetitzügler und Fatburner.

Unsere Geschmacksnerven haben sich inzwischen auf die milden Lebensmittel eingestellt. Deshalb sind die facettenreichen Wildgemüse mit ihren teils herben, bitteren, scharfen und säuerlichen Geschmacksnuancen zunächst einmal ungewohnt. Tasten Sie sich mithilfe der nachfolgenden Tipps langsam an die wilden Aromen heran. Sie werden bald feststellen, dass es durchaus sehr feine exquisite Bitteraromen gibt. Man muss herb und bitter einfach wieder lernen! Dann bekommen Ihre Speisen einen besonderen Kick und Sie wollen auf das nuancenreiche Feuerwerk der Genüsse gar nicht mehr verzichten.

Es gibt einige kleine Tricks, wie Sie die Bitterstoffe für Ihren Einstieg in die »Wilde Küche« etwas mildern können:

- Legen Sie bittere Wildkräuter fünf Minuten in lauwarmes und danach noch mal kurz in kaltes Wasser.
- Mischen Sie bittere Wildkräuter (z. B. Löwenzahn, Rainkohl) mit mild schmeckenden Wildkräutern (z. B. Brennnessel, Vogelmiere, Giersch).
- Gleichen Sie dominante Bittertöne mithilfe von Sahne, Sauerrahm, Crème fraîche oder weißem Mandelmus aus. Auch zu viel Schärfe, beispielsweise durch Bärlauch oder Schaumkraut hervorgerufen, lässt sich damit ausgleichen.
- Kartoffeln eignen sich ebenfalls, um herben Geschmack zu mildern, deshalb harmonieren Wildgemüse sehr gut mit Kartoffelgerichten. Sie können also beispielsweise eine Wildkräutersuppe mit Kartoffeln statt mit Mehl binden.
- Auch die Süße von Obst ist eine gute Möglichkeit, das Bittere und Wilde abzumildern. Dazu eignen sich sowohl Säfte als auch frisches Obst. Natürlich muss die Süße in das Rezept passen. Das ist kein Problem bei Wildkräuter-Salaten (Seite 18), aber vermutlich schon bei einer herzhaften Quiche. Eine wunderbare Möglichkeit, bittere Wildpflanzen in größerer Menge zu genießen, ist der Smoothie (Seite 17), weil hierbei süße Früchte zum Grundrezept gehören.

Damit es nicht brennt und kratzt

Pflanzen mit rauer Behaarung (Bärenklau) oder Brennhaaren (Brennnessel) können Sie gaumenfreundlicher machen, indem Sie sie kurz blanchieren. Manchmal genügt es auch schon, diese Kräuter mit einem Nudelholz abzuwellen. Eine weitere Möglichkeit ist es, die rauen Pflanzenteile ganz fein zu schneiden. Das ist auch hilfreich bei Blättern, die etwas älter und zäher sind oder feste Blattadern haben, wie beispielsweise Spitz- und Breitwegerich.

Basisrezepte

Die vorgestellten Wildpflanzen sind sehr vielfältig einsetzbar. Mithilfe der Basisrezepte können Sie sich Anregungen holen und kreativ experimentieren. Bei den Pflanzenporträts finden Sie immer einige spezielle Rezeptvorschläge.

Wildkräuter-Pesto

Für dieses Basisrezept können Sie alle im Buch beschriebenen Wildpflanzen einsetzen. Besonders schmackhaft wird das Pesto, wenn Sie mehrere Kräuter mischen. Erfahrungsgemäß sollten mildwürzige Pflanzen wie Brennnessel, Giersch und Löwenzahn mengenmäßig überwiegen. Da das ursprüngliche ligurische Pesto-Rezept sehr viel Knoblauch enthält, gehört natürlich auch Bärlauch zu den Hauptzutaten. Sie können das Pesto in einem Mixer zubereiten, allerdings habe ich die Erfahrung gemacht, dass sich dabei manche Kräuter (z. B. Bärlauch und Knoblauchsrauke) durch die extreme Drehzahl des Mixers geschmacklich negativ entwickeln. Die starke Zerkleinerung führt zu heftigen Enzymreaktionen, wodurch das Pesto bitter werden kann. Deshalb bevorzuge ich die sehr feine Zerkleinerung mit dem Wiegemesser. Die zugesetzten Nüsse (z. B. Walnüsse, Sonnenblumenkerne) entwickeln besonders viele Aromen, wenn sie zuvor in einer Pfanne ohne Fett etwas angeröstet wurden.

- 120 g frische Wildkräuter
- 150 ml bestes Olivenöl
- 2 EL Zitronensaft
- 30 g Nüsse
- 30 g Hartkäse (Pecorino, Parmesan)
- 1 TL Salz

Die Kräuter ganz fein schneiden. Nüsse anrösten und mit dem Wiegemesser oder einer Nussreibe etwas zerkleinern. Käse reiben. Nun alle Zutaten vermischen.

Schmeckt vorzüglich zu Pasta, in Salatsoßen oder als Brotaufstrich.

In Gläser gefüllt, mit etwas Öl bedeckt und im Kühlschrank gelagert, hält das Pesto drei Monate. Wenn Sie Käse und Nüsse weglassen, verdoppelt sich die Haltbarkeit.

Wildkräuter-Salz

Für die Herstellung von Kräutersalz sind am besten jene Wildkräuter geeignet, die sehr würzige Aromen haben, also beispielsweise Bärlauch, Giersch, Knoblauchsrauke oder Dost. Sie können auch klassische Gartenkräuter (z. B. Petersilie, Thymian) oder Küchengewürze (z. B. Chili, Curry, Pfeffer) verwenden. Am besten verarbeiten Sie Salz und frische Kräuter in einem Mixer. Wenn Sie lieber mit dem Wiegemesser arbeiten, dann werden die Pflanzen feinst zerkleinert und mit dem Salz gemischt.

- 100 g hochwertiges Salz (Ursalz, Meersalz)
- 50 g frische Wildkräuter

Zerkleinern Sie die Kräuter mit Wiegemesser, im Mörser oder im Mixer und mischen Sie das Salz dazu.

Die feuchte grüne Salzmasse dünn auf ein Backpapier streichen und bei maximal 50 °C im Backofen (mit leicht geöffneter Tür) oder einem warmen Ort trocknen. Falls es zusammenklumpt, nochmals mörsern, mixen oder zerstampfen.

In einem dicht schließenden Gefäß trocken aufbewahrt, ist das Salz mindestens ein Jahr haltbar.

Wildkräuter-Smoothie

Die cremige Konsistenz der Smoothies ist eine Bereicherung des Essgefühls. Durch die unglaublichen Variationsmöglichkeiten gibt es wunderbare Geschmackserlebnisse zu entdecken. Außerdem kann man in dieser Form eine relativ große Menge der vitalstoffreichen Wildkräuter zu sich nehmen. Sie benötigen ein Mixgerät, möglichst biologisch angebautes Obst nach ihrem Geschmack und frische Wildkräuter. Zusätzlich können Sie fantasievoll mit Nüssen, Samen, Trockenfrüchten und Gewürzen (z. B. Ingwer, Zimt, Vanille) experimentieren. Für den Einstieg sind mildere Wildpflanzen geeignet, die problemlos in großen Mengen gegessen werden können, wie Brennnessel, Giersch, Vogelmiere oder Wiesenlabkraut. Bittere, scharfe oder oxalsäurehaltige Kräuter werden in kleineren Mengen beigefügt (z. B. Sauerampfer, Schaumkraut). Eine große Handvoll Kräuter entspricht etwa 70 bis 80 g.

- 2 Handvoll Wildkräuter
- 2 Bananen
- 1 süßer Apfel
- Saft einer halben Zitrone
- nach Bedarf 100–200 ml Wasser oder Saft

Alle Zutaten in einen Mixer geben und so lange pürieren, bis ein cremiger Drink entstanden ist. Je nachdem wie »smooth« er sein soll, variieren Sie die Zugabe von Flüssigkeit.

Wildkräuter-Salat

Für den Einstieg in die wilde Salatwelt empfehle ich eine 1:1-Mischung mit milden Kultursalaten, wie Kopf-, Eis- oder Feldsalat. Mild schmeckende Wildkräuter wie Giersch, Labkraut, Löwenzahn oder Rainkohl werden grob zerkleinert, scharfe und würzigere Wildpflanzen wie Bärlauch, Schaumkraut oder Dost werden fein geschnitten untergemischt. Wilde Blüten (z.B. Gänseblümchen, Taubnesseln) werden zur Dekoration über den Salat gestreut. Klein gewürfelte Äpfel, Milchprodukte oder fruchtige Säfte mildern den Geschmack. Einen besonderen Kick bekommt der Wildkräutersalat durch Nüsse oder Samen (z.B. Kürbiskerne, Sonnenblumenkerne, Walnüsse). Diese werden in einer trockenen Pfanne ohne Fett mild geröstet.

- 1 Kopfsalat oder 150 g Feldsalat
- 100 g Wildkräuter
- je 3 EL Öl und Essig
- 1 EL Sauerrahm oder Sojasahne
- 1 EL Mango- oder Multisaft
- 1 TL Sojasoße
- Salz und Pfeffer
- 3 EL Nüsse oder Samen
- 1 Handvoll Wildkräuterblüten

Wildkräuter in grobe Streifen schneiden und unter den Salat mischen. Die weiteren Zutaten zu einem Dressing rühren und den Salat darin marinieren. Nüsse oder Samen einige Minuten anrösten. Zusammen mit den Blüten über den Salat geben.

Wildkräuter-Spinat

Die Blätter vieler Wildgemüse eignen sich für zahlreiche Zubereitungen, zum Beispiel zum Dünsten nach dem Vorbild des Blattspinats. Die gedünsteten Wildkräuter passen als Belag auf eine Pizza, als Füllung für Teigtaschen oder Pfannkuchen oder als Beigabe zu Kartoffel- und Nudelaufläufen. Die gedünsteten wilden Kräuter können auch gut in Teigen verarbeitet werden, sodass Sie damit Brot, Knödel, Pfannkuchen, Nudeln oder Frikadellen grün färben können. Bei all diesen Zubereitungen sollten Sie darauf achten, dass milde Wildkräuter mengenmäßig in der Überzahl sind. Die Zugabe von Sahne, Sauerrahm, Crème fraîche oder Kartoffeln kann unerwünschte herbe Geschmacksnoten mildern.

- 750 g Wildkräuter
- 1 Zwiebel
- 2 EL Olivenöl oder Butter
- gekörnte Brühe (Gemüsebrühe)
- Pfeffer
- 150 g Sahne oder Sojasahne

Klein gehackte Zwiebel in Öl anbraten. Wildkräuter in Streifen schneiden und zu den Zwiebeln geben. Mit etwas gekörnter Brühe und Pfeffer würzen. 5–10 Min. dünsten lassen. Zum Schluss Sahne und etwas Zitronensaft hinzufügen, aber nicht mehr kochen lassen.

Der Wildkräuter-Spinat eignet sich als Beilage zu Reis- oder Kartoffelgerichten.

Wildkräuter-Suppe

Die allermeisten Wildkräuter eignen sich vorzüglich für Suppen und Eintöpfe. Sie können die fein geschnittenen Kräuter als Einlage in eine klare Gemüse- oder Fleischbrühe geben. Eine andere Möglichkeit ist das Binden der Suppe entweder mit Mehl, Stärke, Getreideschrot (z. B. Grünkern), Tomatenmark, Eigelb, geriebenen rohen Kartoffeln oder Süßkartoffeln. Damit Mehl nicht klumpt, wird es in etwas kaltem Wasser angerührt, in die warme Suppe gegeben und dann erst aufgekocht. Eine andere Variation ist die Mehlschwitze: Das Mehl wird zunächst in Fett angeröstet und dann wird die Brühe aufgegossen. Ebenfalls zum Binden eignen sich Sahne, Sojasahne, Crème fraîche oder Schmand. Diese Zutaten sollen aber nicht mehr kochen, denn der Eiweißanteil gerinnt ab 70 °C und flockt unschön aus. Das Gleiche gilt für Eigelb als Bindemittel. Bezüglich der Mengen an Bindemitteln können Sie sich an folgenden Angaben orientieren: Auf 1 Liter Brühe nimmt man 2 EL Mehl (25 g) oder 30 g Getreideschrot oder 2 Kartoffeln oder 3 EL Crème fraîche/ Sauerrahm oder 2 Eigelb. Wenn Sie cremige Suppen mögen, pürieren Sie das Ganze vor dem Servieren. Zum Anrichten eignen sich geröstete Brotwürfel oder Kürbiskerne und zum Dekorieren nehmen Sie Wildkräuterblüten.

Für eine mehlgebundene Suppe

- 2 EL Olivenöl oder Butter
- 1 Zwiebel
- 2 EL Mehl
- 150 g Wildkräuter
- 1 Liter Brühe
- Salz
- Pfeffer
- Sojasoße
- 2 EL Crème fraîche oder Sojasahne
- geröstete Brotwürfel

Gewürfelte Zwiebel dämpfen, mit Mehl bestäuben und anschwitzen lassen. Mit der Brühe aufgießen und zum Kochen bringen.

Klein geschnittene Wildkräuter dazugeben und 5–10 Min. köcheln lassen. Mit Salz, Pfeffer und Sojasoße abschmecken. Vom Herd nehmen und Crème fraîche einrühren.

Falls gewünscht, die Suppe pürieren und mit Brotwürfeln servieren.

WILDKRÄUTER KENNENLERNEN

Jetzt kann's losgehen: Vor Ihrer Haustür erwarten Sie zahlreiche Wildkräuter, die entdeckt werden wollen und die für Sie ganz neue und leckere Geschmacksnuancen bereithalten.

21 Power-Typen – 42 Rezepte

Überraschen Sie Ihre Familie oder Ihre Freunde mit außergewöhnlichen Gaumenfreuden, die es in keinem Gemüseregal zu kaufen gibt.

Auf den folgenden Seiten finden Sie eine übersichtliche Auswahl von 21 Wildkräutern. Das hat einen guten Grund, denn Zielsetzung ist, dass Sie auf jeden Fall ein Erfolgserlebnis haben, sowohl beim Sammeln als auch beim Zubereiten und beim Genießen. Sie können sich dabei getrost auf meine mehr als 30-jährige Erfahrung mit Wildkräutersammeln und Wildkräuterführungen verlassen. Meine Pflanzenauswahl wird Sie kulinarisch nicht enttäuschen.

Unterwegs genießen

Bei jedem Pflanzenporträt finden Sie eine kleine Rubrik mit dem Titel »Unterwegs genießen«. Hier bekommen Sie Anregungen, wie Sie die Wildkräuter während des Sammelns oder beim Spazierengehen direkt vor Ort verspeisen können. So manches Wildkraut kann beim Picknick im Freien vor Ort genutzt und verarbeitet werden. Sollten Sie gerne Tee trinken, dann ist es immer sinnvoll, beim Wandern eine Thermoskanne heißes Wasser mitzuführen, denn die Natur bietet uns sehr viele feine Teegenüsse. Mit frischen Blättern oder Blüten aufgebrühte Tees benötigen nur wenige Minuten Ziehzeit, um ihr Aroma und ihre Wirkung zu entfalten. Für Wanderer, die in der Outdoor- oder Survival-Küche erprobt sind, eröffnet sich mit der entsprechenden Ausrüstung auch die Möglichkeit des Kochens draußen in der »Wildnis«.

Die ausgewählten Pflanzen müssen Sie nicht lange suchen, denn sie sind häufig anzutreffen und leicht zu finden. Die meisten davon werden Sie direkt vor der Haustür, in Ihrem Garten, im angrenzenden Park oder auf der nächsten Wiese sofort entdecken. Bei den Pflanzenfotografien wurde darauf geachtet, pflanzentypische Merkmale sichtbar zu machen. Was nützt uns eine Fotografie des blühenden Rainkohls im Sommer, wenn uns doch die leckere Blattrosette im Frühjahr interessiert?

Seltene Pflanzen, die schwer zu finden sind oder unter Schutz stehen, wurden nicht berücksichtigt. Auf langatmige botanische Pflanzenbeschreibungen wird verzichtet; es kommen nur Merkmale zur Sprache, die dazu dienen, eine Verwechslung mit einer anderen Pflanze auszuschließen.
Freuen Sie sich auf 42 ausführliche Rezeptideen und zahlreiche Vorschläge für Variationen sowie Tipps für eigene Kreationen.

Giftpflanzen – genau hinschauen

Etwa 10000 Pflanzenarten findet man in Deutschland, aber nur wenige davon sind gefährlich giftig. Pflanzenvergiftungen sind sehr selten; die meisten Vergiftungen werden durch Arzneimittel und Haushaltschemikalien verursacht. Trotzdem kann es vorkommen, dass ein wohlschmeckendes Wildkraut mit einer ähnlich aussehenden giftigen Pflanze verwechselt wird. Im »Sicherheits-Check« werden die typischen Merkmale der jeweiligen essbaren Wildpflanze genau beschrieben und auch die Verwechslungsmöglichkeiten werden benannt. Für dieses Buch wurden jedoch vor allem Pflanzen ausgewählt, die keine giftigen »Verwechsler« haben. Lediglich bei zwei Pflanzen sollten Sie genau hinschauen und die Unterscheidungsmerkmale studieren: Der Bärlauch (Seite 32) und die Wilde Möhre (Seite 147) haben gefährliche Doppelgänger, die vom ungeübten Pflanzensammler eventuell nicht erkannt werden. Lesen Sie deshalb den »Sicherheits-Check« gewissenhaft und schauen Sie sich die Tabellen im Serviceteil an. Dort werden die entscheidenden Merkmale auf einen Blick gegenübergestellt. Auf jeden Fall gilt: Bei Unsicherheit stehen lassen!
Was ist zu tun, wenn es wirklich einmal zu einer Vergiftung kommt? Typische Anzeichen sind Schwindel, Übelkeit, Erbrechen sowie Brennen im Mund- und Rachenraum. In diesem Fall wenden Sie sich umgehend an die Notrufzentrale oder den Giftnotruf. Die wichtigsten Erste-Hilfe-Maßnahmen sind:

- Gift verdünnen: viel Wasser und Tee trinken, aber auf keinen Fall Milch.
- Gift entfernen: Erbrechen durch mechanischen Reiz auslösen, aber auf keinen Fall Kochsalzlösung einnehmen.
- Gift absorbieren: Medizinische Kohle in einer wässrigen Lösung eingenommen, verhindert die Aufnahme des Giftes. Sie benötigen 1 g Kohle je kg Körpergewicht.

Da tobt der Bär

Bärenklau

Heracleum sphondylium
Doldenblütengewächse

Fund- und Sammelorte: sehr verbreitet, nährstoffreiche Standorte

Verwendete Pflanzenteile: junge Blätter von März bis Mai, geschlossenen Blütenknospen ab Mai, Wurzeln vor der Blüte

Geschmack: junge Blätter mild-würzig, Blütenknospen möhrenartig, Wurzeln etwas scharf

Verwechslung: Wald-Engelwurz, Pastinake

Der Bärenklau hat seinen lateinischen Namen Heracleum von dem griechischen Helden Herkules, dessen Bärenkräfte in alten Sagen beschrieben werden. Bärenpflanzen waren Pflanzen, denen unsere Vorfahren besondere Heil- oder Zauberkräfte zutrauten. Dass der Bärenklau wahrhaftig bärenstark ist, können Sie im Gesundheits-Check nachlesen. Oft waren Bärenkräuter wichtige Heilpflanzen der Frauenmedizin, denn das Wort Bär steht in Verbindung mit der Gebärmutter und mit »gebären«. So galt der Bärenklau in der mittelalterlichen Medizin als menstruationsregulierende Pflanze. Aber man traute ihm noch ganz andere Kräfte zu: Ein Fußbad im Wurzelsud sollte aphrodisierend, also luststeigernd wirken. Einem Selbstversuch steht nichts entgegen!

Delikate Blätter und Knospen

Der Bärenklau ist eine vielseitig einsetzbare Wildpflanze, denn aus den verschiedenen Pflanzorganen lassen sich ganz unterschiedlich schmeckende Delikatessen herstellen. Die ganz jungen Blätter aus der grundständigen Rosette haben noch weiche Haare und sind mild-würzig. Sie können von März bis Mai gesammelt werden. Verarbeiten Sie sie fein geschnitten in Salat, Pesto, Eierspeisen, Aufläufen und Suppen. Das feine Aroma erinnert entfernt an Möhren und Sellerie. Ältere Blätter sind nicht mehr so zart und werden deshalb gedünstet. Die geschälten Blattstängel schmecken jedoch sehr fein und können wie Spargel zubereitet werden. Eine besondere Delikatesse sind die großen geschlossenen Blütenknospen, die ab Mai gesammelt werden können. Sie werden klein geschnitten in den Salat gegeben oder als Ganzes gedünstet – eine aromatische Köstlichkeit! Wenn sich im Sommer die weißen Doldenblüten öffnen, wird nicht mehr geerntet, denn sie duften eher unangenehm. Die unreifen grünen Samen sind als kräftig-aromatische Würze nutzbar, aber nicht jeder mag dieses Aroma. Probieren Sie selbst, aber dosieren Sie zunächst sparsam! Die Wurzeln sind geschmacklich sehr intensiv und etwas scharf. Nehmen Sie sie deshalb nur als Beimischung zu anderen Wurzeln wie Pastinake oder Möhre. Sie eignen sich sehr gut als Würze für Suppen und Eintöpfe.

Die jungen haarigen Blätter haben ein mild-würziges Aroma.

Eine besondere Delikatesse sind die von einer Blattscheide umschlossenen Blütenknospen.

Menschen mit empfindlicher Haut sollten beim Sammeln von Bärenklau in Verbindung mit Sonnenlicht vorsichtig sein. Die darin enthaltenen Furanocumarine können Hautreizungen (Wiesendermatitis) auslösen. Allerdings nicht in dem Ausmaß, wie es beim Riesen-Bärenklau der Fall ist.

Gesundheits-Check

Der Wiesen-Bärenklau ist sehr mineralienreich, vor allem sein Gehalt an Kalzium und Magnesium belegt einen Spitzenplatz. Aber auch der Gehalt an Vitamin C und Eisen ist nicht zu verachten. Im Vergleich zu Blumenkohl enthält er 4,5-mal so viel des Anti-Stress-Minerals Magnesium, etwa 5-mal so viel blutbildendes Eisen und 4-mal so viel Vitamin C. Füllen Sie Ihr Mineraldepot mithilfe eines Bärenklau-Smoothies! Die Sekundären Pflanzenstoffe des Bärenklaus sind noch wenig erforscht. Eine antibakterielle Wirkung der oberirdischen Pflanzenteile konnte bestätigt werden, was aufgrund der enthaltenen Phenolsäuren und Flavonoide nicht verwundert. Besonders reich an Wirkstoffen sind die Früchte, die in früheren Zeiten als schleimlösende Hustenmedizin genutzt wurden. Allerdings enthalten sie die meisten Furanocumarine! In der Volksheilkunde nutzt man Blätter und Wurzeln als blutdrucksenkende Medizin, was inzwischen auch wissenschaftlich bestätigt werden konnte. Außerdem wurde der Bärenklau früher bei Verdauungsbeschwerden, Durchfall und als harntreibendes Mittel eingesetzt. Der Wurzel traute man potenzsteigernde Wirkungen zu.

Sicherheits-Check – Verwechslungen ausschließen

Typisch Bärenklau: Der stark gefurchte Stängel ist borstig rau behaart. Auch die gelappten Blätter sind auffallend stark behaart.

»IST DER STÄNGEL KANTIG RAU, IST ES WOHL DER BÄRENKLAU.«

Der Bärenklau kann eventuell mit einigen anderen Doldenblütlern verwechselt werde, die allerdings ebenfalls essbar sind:

- Wald-Engelwurz *(Angelika silvestris)*: Sie ist nahezu unbehaart. Die Blätter haben deutliche Teilblättchen.
- Pastinake *(Pastinaca sativa)*: Sie blüht im Gegensatz zum Bärenklau gelb. Ihr Stängel ist ebenfalls rau behaart, aber die Blätter weisen nur wenige Härchen auf. Zerreibt man sie, dann riecht es möhrenartig.

Die in der Literatur häufig gelistete Verwechslung mit dem Riesen-Bärenklau *(Heracleum mantegazzianum)* ist eher unwahrscheinlich: Der aus Gärten und Parks entwichene große Bruder des Bärenklaus ist extrem fototoxisch und kann bei Berührung starke Verbrennungen hervorrufen. Er ist jedoch wesentlich größer (bis zu 4 Meter!) und seine deutlich zugespitzten Blätter sind auf der Oberseite unbehaart. Der Wiesen-Bärenklau erreicht dagegen nur selten Wuchshöhen über 1 Meter.

Unterwegs genießen

Die fleischigen und saftigen Blattstiele (nicht der hohle Stängel des Blütentriebes!) haben einen süßlichen möhrenartigen Geschmack mit einem Nachklang nach Kokosnuss. Sie werden zunächst ähnlich wie Rhabarberstängel geschält und von den Fasern befreit. So können sie roh geknabbert werden und sind auch gleichzeitig ein Durststiller. Oder Sie geben den fein geschnittenen und geschälten Stiel unter den Picknick-Salat.

Bärenklau-Rezepte

Sie können die Bärenklaublätter und -stängel in allen Basisrezepten (Seite 16) einsetzen. Achten Sie bei älteren festen Blättern darauf, dass sie feinst geschnitten werden, denn die raue Beschaffenheit ist nicht jedem Gaumen zuträglich.

Bäriger Auflauf (vegetarisch)

Für 4 Personen, 45–50 Min.

- 500 g Bärenklaublattstiele
- 1 TL gekörnte Brühe
- 100 ml Wasser (für Brühe)
- 200 g Sahne
- 2 Eier
- 2 EL Zitronensaft
- Salz
- Pfeffer
- 100 g Gouda gerieben

Bärenklaublattstiele mit scharfem Messer abschaben und grobe Fasern abziehen. In 1 bis 2 cm lange Stücke schneiden und in etwas Gemüsebrühe 5 Min. garen.

Die restlichen Zutaten verquirlen und zusammen mit den Stielen in eine Auflaufform geben. Mit Käse bestreut ca. 30 Min. überbacken.

Vor dem Servieren können Sie, falls gewünscht, in Butter angebratene Räuchertofu- oder Speckwürfel drüberstreuen.

TIPP Statt eines Auflaufs können Sie mit dem Gericht einen Quicheteig (Seite 40) befüllen und knusprig backen.

Brokwus Bärenklauknospen (vegan)

Für 4 Personen, 10–15 Min.

- 600 g Bärenklauknospen
- 1 Zwiebel
- 3 EL Olivenöl
- 1 TL Sojasoße
- 1 EL Wasser
- Pfeffer
- Salz
- 30 g Mandelstifte oder -blättchen

Die wie Brokkoliröschen aussehenden Knospen werden zusammen mit der gehackten Zwiebel im Olivenöl angedünstet.

Nach 3 Min. mit Sojasoße und Wasser ablöschen und mit Salz und Pfeffer würzen. Einige Minuten ziehen lassen und mit gerösteten Mandelstiften bestreuen.

TIPP Das delikate Gericht kann pur oder mit einer weißen Soße als Beilage zu Reis oder Kartoffeln serviert werden.

Bäriger Auflauf

Bärenfrühstück im Frühling

Bärlauch

Allium ursinum
Lauchgewächse

Fund- und Sammelorte: feuchte Laub- und Auwälder

Verwendete Pflanzenteile: Blätter, Blüten, Samen und Zwiebeln

Geschmack: intensiver, süßlich-scharfer Knoblauchgeschmack

Verwechslung: Maiglöckchen, Herbstzeitlose, Aronstab

Gerne wird die Geschichte erzählt, dass der Bärlauch zu seinem Namen kam, weil die Bären sich nach dem Winterschlaf mit Bärlauch gestärkt hätten. Ob Bären wirklich gern Bärlauch fressen, sei dahingestellt. Aber Bärenkräfte hat das Zwiebelgewächs auf jeden Fall, dafür war er schon bei den germanischen Völkern bekannt. Er gehörte zu den Frühlingsbringern, die den Körper reinigten und neue Lebensenergie vermittelten. Deshalb musste er unbedingt in die Neunkräutersuppe, die von unseren Vorfahren bei den Frühlingsfesten gegessen wurde.

Der wilde Knoblauch

Der Bärlauch hat in den letzten Jahren Karriere gemacht, indem er in Kochsendungen und Gourmet-Restaurants Einzug hielt. Und das geschah zu Recht, denn jeder, der Knoblauch liebt, wird von dieser Pflanze begeistert sein. Blätter, Blüten, Samen und Zwiebeln sind verwendbar. Sie haben einen intensiven, süßlich-scharfen Knoblauchgeschmack. Von März bis April können Sie die würzigen Blätter sammeln. Aber sobald die Blüte beginnt, leidet das gute Aroma.

Verfeinern Sie damit Salate, Suppen, Soßen, Dips, Kräuterbutter und Pesto. Wenn Sie den Bärlauch zu Pesto verarbeiten, dann pürieren Sie die Blätter nicht, sondern zerkleinern Sie sie mit dem Wiegemesser. Die Zerkleinerung im Mixer führt zu starken Enzymreaktionen, weshalb das Pesto bitter werden kann.

Unter Bratkartoffeln oder Spagetti gezogen sind Bärlauchblätter ein Gedicht. Außerdem können Sie damit Aufläufe, Pfannkuchen, Nudelteig, Kartoffelpüree und Knödel einzigartig aromatisieren.

MEIN TIPP: Konservieren Sie den Duft in Kräutersalz, Pesto, Essig oder Öl, denn die Erntezeit ist nur von kurzer Dauer. Nach der Blüte zieht sich der Bärlauch in die kleine Zwiebel zurück.

Wenn die Blatternte zu Ende ist, beginnt die Ernte der Blütenknospen und Blüten, die als Gewürz und essbare Dekoration verwendet werden können. Den grünen unreifen Samen können Sie wie grünen Pfeffer einsetzen oder wie Kapern in Essig einlegen. Die kleinen länglichen Zwiebeln werden ab Juni ausgegraben und als Knoblauch-Ersatz verwendet.

Die Bärlauchzwiebelchen eignen sich wunderbar als Knoblauchersatz.

Besonders lecker sind die ganz jungen Blätter, die im März aus dem Boden sprießen.

Gesundheits-Check

Der Bärlauch liegt mit seiner Nährstoffdichte im Mittelfeld der Wildgemüse. Bezüglich Vitamin C und Eisen kann er jedoch punkten! Seine Stärke liegt vor allem in den schwefelhaltigen Senfölglykosiden, die antibakterielle und antifungizide Wirkung haben. Seine Sekundären Pflanzenstoffe beugen Gefäßveränderungen und Herzinfarkten vor. Außerdem wirken sie entgiftend, blutreinigend, cholesterinsenkend und blutdruckregulierend. Ein Frühjahrsputz für Blut und Gefäße!

In der Heilkunde nutzt man den Bärlauch ähnlich wie den Knoblauch: bei Appetitlosigkeit und zur Anregung der Verdauungstätigkeit, bei erhöhten Blutfettwerten und Bluthochdruck sowie zum Schutz vor Arteriosklerose.

Sicherheits-Check – Verwechslungen ausschließen

Während der Blüte kann das Liliengewächs nicht mit giftigen Pflanzen verwechselt werden, denn der kugelige Blütenstand des Bärlauchs mit seinen weißen sternförmigen Einzelblütchen ist einzigartig. Aber leider sind Bärlauchblätter nur vor der Blüte genießbar, weshalb wir genau hinschauen müssen:

Typisch Bärlauch: Die weichen Blätter haben einen dreikantigen Blattstiel und parallel verlaufende Nerven. Sie haben einen deutlichen Knoblauchgeruch, was keine der Verwechslungspflanzen von sich sagen kann. Der Geruch ist nur leider so stark, dass an Sammelorten meist alles nach Knoblauch riecht und Duftunterscheidungen schwierig werden. Alle giftigen Verwechslungspflanzen können am gleichen Standort wie der Bärlauch wachsen:

- Maiglöckchen *(Convallaria majalis)*: Die Blätter kommen während der Bärlauchernte immer paarweise ineinandergerollt, ohne deutlichen Blattstiel, aus der Erde. Sie sind größer und mehr eiförmig als Bärlauchblätter. Die weißen Blüten sind glockenförmig.
- Herbstzeitlose *(Colchicum autumnale)*: Drei (manchmal vier) Blätter kommen ineinandergewickelt, ohne deutlichen Blattstiel, aus der Erde. In der Mitte des Blatttrichters finden Sie eine grüne Kapselfrucht. Die Blätter sind fleischiger als Bärlauchblätter. Außerdem sind sie schmaler und lanzettlicher. Am Mittelnerv sind sie deutlich gekielt.
- Aronstab *(Arum maculatum)*: Seine Blätter sehen eigentlich ganz anders aus, nämlich pfeilförmig. Aber ganz junge Blätter haben eine länglich eiförmige Form. Sie haben wie Bärlauch einen Blattstiel, sind aber nicht parallelnervig, sondern haben eine deutliche Netznervatur, das heißt vom Mittelnerv ausgehend verteilen sich die Blattadern wie ein Netz.

Die giftigen Verwechslungspflanzen des Bärlauchs sind auf Seite 157 mit ihren besonderen Bestimmungsmerkmalen zusammengefasst.

Unterwegs genießen

Der Bärlauch ist ein unentbehrliches Gewürz für das Picknick im Frühling, es sei denn, Sie mögen partout keinen Knoblauch. Die mitgebrachten Brote werden mit den scharfwürzigen Blättern belegt und fein geschnitten bereichern sie Kräuterquark und Salate. Die ausgegrabenen Zwiebelchen sind die perfekte Würze für das Grillgut am Lagerfeuer.

Bärlauch-Rezepte

Frisch und roh schmeckt Bärlauch am besten. Lange Hitzeeinwirkung schadet dem feinen Aroma, weshalb Sie ihn immer erst gegen Schluss der Kochzeit hinzugeben sollten. Insgesamt schmeckt Bärlauch milder als Knoblauch, denn er enthält weniger schwefelige Verbindungen. Wenn Sie ihn nur sparsam als Gewürz verwenden, müssen Sie also die unangenehmen Hautausdünstungen des Knoblauchs nicht befürchten.

Frühlings-Pesto mit Bärlauch (vegetarisch)

Für 6 Portionen, 10 Min.

- 60 g Bärlauchblätter
- 40 g Gierschblätter
- 30 g Löwenzahnknospen
- 150 ml Olivenöl
- 40 g Sonnenblumenkerne
- 2 EL Zitronensaft
- 1 TL Salz
- 40 g Parmesan

Die Kräuter ganz fein schneiden. Sonnenblumenkerne in einer Pfanne ohne Fett anrösten und mit dem Wiegemesser etwas zerkleinern. Nun alle Zutaten vermischen.

Schmeckt wunderbar zu Pasta, in Salatsoßen oder als Brotaufstrich.

In Gläser gefüllt, mit etwas Öl bedeckt und im Kühlschrank gelagert, hält das Pesto etwa drei Monate.

TIPP Wenn Sie Käse und Sonnenblumenkerne weglassen, erhöht sich die Haltbarkeit auf mindestens sechs Monate.

Bärlauch-Sahne-Nudeln (vegetarisch)

Für 4 Personen, 15–20 Min.

- 400 g Spirelli oder Tagliatelle
- 300 g Bärlauch
- Schale einer Bio-Zitrone
- 1 Zwiebel
- 3 EL Olivenöl
- 150 ml Gemüsebrühe
- 200 g Sahne
- 50 ml Weißwein
- gekörnte Brühe
- Pfeffer
- 1 EL Zitronensaft

Nudeln »al dente« kochen. Inzwischen Bärlauch in feine Streifen schneiden. Zitronenschale dünn abschälen und ebenfalls in feine Streifen schneiden.

Fein gewürfelte Zwiebel in Olivenöl etwas anbräunen. Mit Brühe, Sahne und Wein ablöschen und ohne Deckel 4 Min. einkochen lassen. Bärlauch und Zitronenschale dazugeben und kurz zusammenfallen lassen.

Mit gekörnter Brühe, Pfeffer und Zitronensaft abschmecken. Nudeln abgießen und heiß unter die Bärlauchsoße mischen. Kurz durchziehen lassen und servieren.

Bärlauch-Sahne-Nudeln

Verhasstes Unkraut

Brennnessel

Urtica dioica
Brennnesselgewächse

Fund- und Sammelorte: in Gärten, an Weg- und Waldrändern sowie an Ufern von Gewässern

Verwendete Pflanzenteile: junge Triebspitzen, also die oberen drei Blattpaare

Geschmack: würzig-spinatartig

Verwechslung: verschiedene Taubnessel-Arten

Die Brennnessel bedeckt mit Vorliebe größere Flächen und gilt vielerorts als verachtetes Unkraut. Schon der Römer Plinius bezeichnete sie vor fast 2000 Jahren als »die am meisten verhasste aller Pflanzen«. Aber sie gehört zugleich zu den ältesten Wildgemüsen und war einst sogar eine bedeutende Faserpflanze, aus der Nesselstoffe hergestellt wurden.

Mehr als nur »Arme-Leute-Essen«

So unangenehm die Brennnessel auf unserer Haut wirkt, unserem Magen bietet sie wohlige Genüsse. Leider hat sie aufgrund der Kriegserfahrung zweier Weltkriege, wo sie als Notnahrung genutzt wurde, den Ruf des »Arme-Leute-Essens« abbekommen. Dieses Vorurteil muss dringend revidiert werden. Der Brennnessel-Geschmack ist umwerfend nuancenreich, am besten umschrieben mit würzig-spinatartig. Nutzen Sie von dem leckeren Wildgemüse aber nur die jungen Triebspitzen, also die oberen drei Blattpaare. Von März bis Mai ist die ideale Sammelzeit, am besten mit Handschuhen (auch beim Waschen brennen sie noch!).

Die grüne Gesundheitsbombe ist vielseitig einsetzbar. Am bekanntesten ist der Brennnesselspinat, der im Vergleich zum echten Spinat sehr verträglich ist, da er keine Oxalsäure enthält. Probieren Sie den Einsatz in Suppen, als Belag von Quiche, als Füllung von Pfannkuchen oder als Bestandteil von Risotto und Aufläufen.

Etwas schwieriger ist der Rohgenuss: Für Pesto beispielsweise blanchiere ich die Brennnessel vorsichtshalber ganz kurz, um die Brennhaare sicher zu deaktivieren. Sie können die wehrhafte Pflanze aber auch entwaffnen, indem Sie sie vor Gebrauch mit einem Nudelholz abrollen. Beim Smoothie übernimmt der Mixer die Zerstörung der Brennhaare.

Wenn die Brennnessel Knospen ansetzt, schmecken die Blätter nicht mehr gut. Das Abmähen sorgt für neuen Austrieb und zarte Blätter. Ab September können Sie bei den weiblichen Pflanzen die kleinen Früchte (Samen) ernten. Diese nussig schmeckenden Kraftpakete können Sie frisch oder getrocknet über Salate und Müsli streuen. Besonders delikat sind sie, wenn sie ohne Fett etwas angeröstet werden.

Den Samen kann man aufgrund der Nährstoffdichte als »Superfood« bezeichnen.

Beim Ernten der Blätter ist es sinnvoll, Handschuhe zu tragen.

Gesundheits-Check

Die Brennnessel zählt zu den Wildkräutern mit der höchsten Nährstoffdichte. Ein Superfood par excellence! Besonders vertreten sind Mineralien, zum Beispiel das knochenstärkende Kalzium sowie das herzschützende Magnesium. Brennnesselblätter enthalten 15-mal so viel Vitamin C, 5-mal so viel Magnesium und 2,5-mal so viel Eisen wie Kopfsalatblätter. Selbst eine Zitrone hat 4-mal weniger von dem immunstärkenden Vitamin C. Der Samen der Brennnessel zeichnet sich durch einen außergewöhnlichen hohen Vitamingehalt aus.

Die Brennnessel liefert uns zudem viele Antioxidanzien, die unsere Zellen wirksam gegen freie Radikale schützen. Des Weiteren regen die Sekundären Pflanzenstoffe den Stoffwechsel an und sorgen dafür, dass Giftstoffe ausgeschwemmt werden. In der Heilkunde nutzt man die Blätter bei rheumatischen Erkrankungen und bei Durchspülungstherapien. Die Wurzeln enthalten andere Heilstoffe und dienen deshalb vor allem den Männern – zur Linderung der Beschwerden bei gutartiger Prostatavergrößerung. Für Heilzwecke sollten Sie die Brennnesselblätter kurz vor Blühbeginn ernten.

Sicherheits-Check – Verwechslungen ausschließen

Mit einer Mutprobe können Sie fast alle Verwechslungskandidaten ausschließen:

Krempeln Sie die Ärmel hoch und schlagen Sie mit einer Pflanze kräftig auf den Unterarm. Die brennende Haut beseitigt jeden Zweifel!

»HAT'S BEIM ANFASSEN GEBRANNT, IST DIE BRENNNESSEL ERKANNT!«

Die einzige Pflanze, die sogar noch heftiger brennt, ist die Kleine Brennnessel, die Sie genauso verwenden können. Sie wird nur halb so groß wie ihre Schwester und sie ist nur einhäusig. Die Große Brennnessel ist zweihäusig, das heißt, es gibt männliche Pflanzen, deren Blüten nur Blütenstaub enthalten, und weibliche Pflanzen, die Früchte ausbilden.

Das schmerzhafte Geheimnis des Brennens liegt in den Brennhaaren: Bei kleinster Berührung bricht die obere Kuppe an einer Sollbruchstelle ab, wodurch eine scharfe Kanüle entsteht, die sich in die Haut ritzt. In die winzige Verletzung ergießt sich der Inhalt der Kanüle: das Nesselgift.

Mögliche Verwechslungspflanzen, die aber nicht brennen, sind verschiedene Taubnessel-Arten (Seite 108) *(Lamium spec.)*. Allerdings nur so lange bis sie blühen: Im Gegensatz zu den unscheinbaren Blüten der Brennnessel haben sie große Lippenblüten – je nach Art weiß, rot oder gelb. Sie sind aber ebenfalls essbar.

Unterwegs genießen

Im Spätsommer und Herbst können Sie beim Wandern am Wegesrand Kraft tanken. Die kleinen Brennnesselsamen können roh geknabbert werden und ersetzen mit ihrem Reichtum an Vitaminen und Mineralien so manchen Müsliriegel. Die männlichen samenlosen Blütenstände sind hellgrün und waagerecht ausgerichtet, während die weiblichen Blütenrispen eine graugrüne Farbe annehmen und sich hängend präsentieren. Beim genauen Hinsehen sind ab August die eiförmigen Nüsschen gut zu erkennen.

Brennnessel-Rezepte

Die Brennnessel hat das Zeug dazu, ein ganzes Kochbuch zu füllen. Sie können sie in allen Basisrezepten (Seite 16) einsetzen. Stellen Sie daraus grüne Nudeln her oder färben Sie damit Kartoffelpüree und Klöße grün. Ein wunderbares Fingerfood entsteht, wenn Sie die Blätter durch einen Pfannkuchen- oder Bierteig ziehen und goldgelb ausbacken.

MEIN TIPP: Eine leckere Zugabe zu Blattsalaten sind die in Butter angebratenen Samenrispen, entweder mit Salz und Pfeffer gewürzt oder mit etwas Sojasoße abgelöscht.

Brennnessel-Quiche (vegetarisch)

Für 4 Personen, 65 Min.

- 250 g Dinkelmehl
- 125 g kalte Butter
- etwa 75 ml kaltes Wasser
- ½ TL Salz
- 400 g Brennnesseltriebe
- 1 Zwiebel
- 2 EL Olivenöl
- 1 EL Sojasoße
- 150 g Sauerrahm
- 100 g Magerquark
- 3 Eier
- 150 g Reibkäse oder Feta
- Salz, Pfeffer, Muskat
- Sesamsamen

Aus Mehl, Butter, Wasser und Salz einen Teig kneten und 30 Min. kühl stellen. Brennnesseln kleinschneiden und zusammen mit Zwiebelstückchen in Öl anbraten und mit Sojasoße ablöschen.

Abkühlen lassen. Sauerrahm, Quark, Eier und Gewürze mit der Hälfte des Käses verrühren und darunterheben.

Eingefettete Form mit Sesam bestreuen. Teig auswellen und in die Form legen. Die Füllung darauf verteilen und mit dem restlichen Käse bestreuen. Bei 180 °C im vorgeheizten Ofen ca. 25–30 Min. goldbraun backen.

Brennnessel-Spinat (vegan)

Für 4 Personen, 20 Min.

- 1 Zwiebel
- 2 EL Olivenöl
- 800 g Brennnesseln
- gekörnte Brühe (Gemüsebrühe)
- Pfeffer
- 5 EL Kokosmilch
- 1 EL Olivenöl
- 200 g Tofu
- 1 EL Curry
- 2 TL Sojasoße

Klein gehackte Zwiebel in Öl anbraten. Brennnesselblätter klein schneiden und zu den Zwiebeln geben. Mit gekörnter Brühe und Pfeffer würzen. Kokosmilch dazugeben und 5 Min. dünsten lassen.

Olivenöl in eine Pfanne geben und den gewürfelten Tofu zusammen mit dem Currypulver darin anbraten. Mit Sojasoße ablöschen und weiterdünsten, bis die Flüssigkeit verdampft ist. Dann alles zusammenmischen und zu Reis, Kartoffeln oder Fladenbrot servieren.

Brennnessel-Quiche

Des Teufels Leid

Dost

Origanum vulgare
Lippenblütengewächse

Fund- und Sammelorte: trockene und sonnige Standorte, an Böschungen, sonnigen Hängen, Hecken- und Wegrändern sowie auf trockenen Wiesen

Verwendete Pflanzenteile: Blütenstände, Triebspitzen, junge Blätter

Geschmack: würzig

Verwechslung: Wirbeldost

Der Dost, den manche auch Wilden Majoran nennen, war früher nicht nur eine geachtete Heilpflanze, sondern vor allem eine wichtige Schutz- und Zauberpflanze. Seine Hauptaufgabe bestand darin, schädliche Einflüsse abzuwehren, für die im Mittelalter in erster Linie der Teufel verantwortlich war. So gibt es zahlreiche Sagen und Legenden, wie der Teufel mithilfe des Dost in die Flucht geschlagen wurde. Seine Hauptbeschäftigung schien es gewesen zu sein, als fescher Bursche verkleidet, junge Frauen zu verführen. Deshalb hingen am Fenster des Schlafgemachs vorsichtshalber Kränze und Sträuße aus Dost, um dem üblen Gesellen den Einstieg zu verwehren. Sobald er den Dost roch, nahm er fluchend Reißaus.

Wildes Pizzagewürz

Zwar ist der heimische Dost nicht so würzig wie seine südländische Verwandtschaft Majoran und Oregano, aber er kann durchaus ähnlich eingesetzt werden. Sie können ihn frisch oder getrocknet als Salatgewürz und für südländische Speisen wie Pizza, Risotto oder Pasta verwenden. Er eignet sich vorzüglich, um damit Suppen, Eintöpfe, Tomatensoßen, Kräuterbutter und Fleischgerichte würzen. Aufgrund seiner verdauungsfördernden Wirkung macht er fette Speisen bekömmlicher. Dost entfaltet sein Aroma am besten nach Hitzeeinwirkung. Geben Sie ihn deshalb möglichst schon 5–10 Minuten vor Ende der Garzeit zu den Speisen.

Sammeln Sie den Dost, wenn er ab Juli Blüten ansetzt, dann hat er das intensivste und beste Aroma. Um möglichst viel Aroma einzufangen, wird an sonnigen Tagen um die Mittagszeit geerntet. In den Blütenständen befindet sich noch mehr ätherisches Öl als in den Blättern. Die blühenden Triebspitzen eignen sich auch sehr gut für Tee und zum Aromatisieren von Essig, Öl und Spirituosen. Zusammen mit Olivenöl und Zitronenscheiben können Sie mithilfe des Würzkrautes Käse oder Oliven marinieren.

MEIN TIPP: Stellen Sie aus Dost und Quendel (eine bei uns heimische Thymianart) ein mediterranes Wildkräutersalz her. Dazu geben Sie 50 g frische Kräuter und 100 g Salz in den Mixer und zerkleinern kräftig. Nun die etwas feuchte Masse auf ein Backblech geben und bei 50 °C schonend trocknen.

Die Blätter des Dosts sind eine feine Würze für Kräuterbutter und Eierspeisen.

Während der Blüte besitzt der Dost das beste Aroma.

Gesundheits-Check

Der Dost gehört zu den eisenhaltigsten Wildkräutern und auch beim Kalziumgehalt kann er punkten. So enthält er beispielsweise im Vergleich zu Feldsalat den 5-fachen Eisenwert und den 9-fachen Kalziumgehalt. Erwähnenswert sind auch die Anteile im Bereich der B-Vitamine. Ansonsten liegt er bezüglich der Nährstoffdichte im Mittelfeld.

Dost enthält besonders viele hochwirksame Sekundäre Pflanzenstoffe, wie ätherisches Öl, Phenolsäuren und Flavonoide. So ist es nicht verwunderlich, dass er mit starken antioxidativen, antibakteriellen und antiviralen Effekten ausgestattet ist. Ein Gewürz mit enormer Schutzwirkung, das in diesem Fall nicht den Teufel, sondern Krankheiten fernhält!

In der Heilkunde nutzt man die Blüten und Blätter wegen der verdauungsfördernden und krampflösenden Wirkung vor allem bei Magen-Darm-Beschwerden. Außerdem ist er hilfreich bei Erkältungen und Husten sowie als Gurgelmittel bei Entzündungen in Mund- und Rachenraum.

Sicherheits-Check – Verwechslungen ausschließen

Der blühende Dost ist kaum zu verwechseln. Machen Sie die Geruchsprobe: Zerreiben Sie einen der doldenartigen Blütenstände zwischen den Fingern und sofort wird sich ein angenehmer aromatisch-würziger Duft entwickeln, der entfernt an Majoran erinnert.

»WENN DAS OVALE BLATT UNTEN DRÜSIGE PUNKTE HAT, DANN IST DIE VERWECHSLUNG GEBANNT UND DER DOST ERKANNT.«

Betrachten Sie die Blüten genauer, dann entdecken Sie, dass die eigentlichen Lippenblütchen rosa und manchmal fast weiß sind. Dazwischen stehen auffällig purpur-violett-farbene Tragblätter, die der Dostblüte das charakteristische Aussehen verleihen. Ein möglicher »Verwechsler« ist der ungiftige Wirbeldost *(Clinopodium vulgare)*. Sein Stängel ist wie der des Dosts oft rötlich überlaufen und behaart. Allerdings sind die Stängelhaare wesentlich dichter und zottig. Beim genauen Betrachten der Blüte fallen zum einen die gezähnten Blütenkelche auf und zum anderen, dass die dazwischensitzenden Hochblätter mit langen Härchen bewimpert sind. Weiteres Unterscheidungsmerkmal: Die ovalen Dostblätter sind unterseits drüsig punktiert, was beim Wirbeldost nicht der Fall ist. Der Wirbeldost ist als Gewürz kaum zu gebrauchen, er wurde früher hauptsächlich als Tee genutzt.

Unterwegs genießen

Packen Sie für Ihre Wanderung eine Thermoskanne heißes Wasser ein, denn wenn Sie blühenden Dost finden, sollten Sie davon unbedingt einen Tee zubereiten. Man verwendet hauptsächlich die Blüten und auch einige Blätter. Nach sechs Minuten Ziehzeit haben Sie ein angenehm aromatisch-würziges Getränk.

Dost-Rezepte

Nutzen Sie den Dost als Gewürz für alle deftigen Speisen. Er verleiht zum Beispiel Kartoffelgerichten, wie Bratkartoffeln, eine ganz besondere Note. Auch wenn es schwer vorstellbar ist: Die ausgezupften Blütchen passen sehr gut zu Süßspeisen, wie Obstsalat oder Quarkdessert.

Gegrillter Feta mit Dost (vegetarisch)

Für 4 Personen, 20 Min.

- 1 Knoblauchzehe
- 3–4 EL Dostblütentriebe
- 4 EL Olivenöl
- 400 g Schafsfeta
- 2 Tomaten
- Salz
- Pfeffer
- 125 g Rucola
- 250 g Kirschtomaten
- Vinaigrette aus Olivenöl, Weinessig und gekörnter Brühe

Auflaufform einfetten und mit der Knoblauchzehe ausreiben. Den übrig gebliebenen Knoblauch durch die Presse geben und zusammen mit dem feinst geschnittenen Dost in das Olivenöl rühren.

Käse in Scheiben schneiden und mit der Kräuter-Öl-Mischung einreiben. In die Auflaufform geben, mit Tomatenscheiben belegen und mit Salz und Pfeffer würzen. Im vorgeheizten Ofen bei 220 °C 10–15 Min. backen.

Inzwischen Rucola und geviertelte Kirschtomaten auf Tellern verteilen und mit der Vinaigrette beträufeln. Gebackenen Käse darüberlegen und mit Baguette servieren.

Kartoffel-Dost-Püree (vegetarisch)

Für 4 Personen, 30 Min.

- 800 g Kartoffeln, mehlig kochend
- 1 Zwiebel
- 40 g Butter
- 4 EL Dostblüten und -blätter
- 200 ml Sahne (oder ersatzweise Milch)

Kartoffeln kochen und durch die Kartoffelpresse drücken oder mit dem Kartoffelstampfer im Topf zerdrücken. Es wird dadurch lockerer und cremiger als beim Pürieren.

Zwiebel würfeln und in Butter andämpfen. Den fein gehackten Dost dazugeben. Zusammen mit der Sahne in die Pürreemasse rühren und mit Salz und Pfeffer abschmecken.

Das Püree passt vorzüglich zu Fisch, Fleisch oder mediterranem Gemüse.

Gegrillter Feta mit Dost

Maria verstärkte die Heilkräfte

Gänseblümchen

Bellis perennis
Korbblütengewächse

Fund- und Sammelorte: überall, wo häufig gemäht wird (Rasenflächen, Parkanlagen, Wiesen, Weiden)

Verwendete Pflanzenteile: junge Blätter, Blattrosetten, Blüten

Geschmack: mild, feldsalatähnlich, nussig bis herb oder säuerlich (je nach verwendetem Teil)

Verwechslung: Wiesenmargerite

Das Gänseblümchen war im Mittelalter sehr mit Maria, der Mutter Jesu, verbunden, weshalb man es auch »Marienkrönchen« nannte. Es gab zahlreiche Legenden, dass es sein Dasein der Gottesmutter verdankte. So soll es beispielsweise aus den Tränen entstanden sein, die Maria auf der Flucht nach Ägypten vergoss. Die Koppelung an Maria hatte Auswirkungen auf die Heilkraft des Gänseblümchens, denn die Menschen vermuteten somit in der kleinen Pflanze göttliche Heilkräfte. Die Kraft des Glaubens darf nicht unterschätzt werden, denn dadurch werden die Selbstheilungskräfte massiv unterstützt. Aus diesem Grund war das Marienblümchen im Mittelalter eine sehr bedeutende Wundheilpflanze, während die medizinische Nutzung heute etwas in Vergessenheit geraten ist. Dabei ist das »Rasenunkraut« sowohl heilkundlich als auch kulinarisch nicht uninteressant.

Ein Blümchen zum Verspeisen

Die jungen Blätter des Gänseblümchens gehören zu den mild schmeckenden Wildgemüse-Arten. Da die Blätter bodennah wachsen, sollten Sie darauf achten, dass nur gesunde und saubere Blätter gesammelt werden. Die Blattrosetten können Sie das ganze Jahr über ernten, wobei sie im Sommer einen herberen Geschmack haben als im Frühjahr. Nutzen Sie vor allem die jungen Blätter in der Rosettenmitte, denn ältere Blätter können im Übermaß genossen einen kratzigen Nachgeschmack entwickeln. Roh eignen sich die jungen Blätter vorzüglich für Salat, denn sie besitzen einen feldsalatähnlichen, nussigen Geschmack. Das milde Blattgrün bereichert Suppen und kann auch gut als spinatähnliches Gemüse zubereitet werden. Und last but not least: Im grünen »Frühlings-Smoothie« dürfen die mineralstoffreichen Blätter auf keinen Fall fehlen.

Das Gänseblümchen blüht fast das ganze Jahr, was nur wenigen Pflanzenarten gelingt. Die schönen Blüten sind eine wohlschmeckende Speisedekoration. Verschönern Sie damit kurz vor dem Servieren Salate, Suppen und Desserts. Geschmacklich noch interessanter sind die Blütenknospen, auch wenn die Ernte sehr aufwendig ist. Sie eignen sich als knackige, angenehm

Die Blüten sind, über Salate gestreut, sehr dekorativ und schmackhaft.

Die jungen knackigen Blattrosetten verfeinern Salate und Suppen.

säuerliche Zutat zu Salaten oder auch eingelegt in Essig als Kapernersatz (Gänseblümchen-Kapern, Seite 52).

Gesundheits-Check

Das Gänseblümchen liegt mit seinem Nährstoffgehalt zwar »nur« im Mittelfeld der Wildkräuterhitliste, kann es aber locker mit den meisten Kulturgemüsen aufnehmen. Vor allem mit Mineralien ist es gesegnet. Es enthält beispielsweise 3-mal mehr Kalium, 7-mal mehr Kalzium und 4-mal mehr Eisen als Chicorée. Das Spurenelement Eisen ist für die Zellatmung und die Blutbildung wichtig.

Außerdem haben die Sekundären Pflanzeninhaltsstoffe, wie z.B. die Flavonoide, eine starke antioxidative Wirkung. Dadurch werden die freien Radikale daran gehindert, unseren Körperzellen Schaden zuzufügen.

In der Heilkunde stehen schleimlösende und stoffwechselanregende Wirkungen im Vordergrund. Gänseblümchentee ist deshalb hilfreich bei Atemwegs- und Hauterkrankungen.

Sicherheits-Check — Verwechslungen ausschließen

Das Gänseblümchen kennt vermutlich jeder, zumindest solange es blüht. Das Blütenköpfchen setzt sich aus gelben Röhrenblüten und weißen Zungenblüten zusammen. Bei jungen Blüten, die sich gerade geöffnet

haben, sind die Spitzen der Zungenblüten zartrosa angehaucht.
Ähnliche Korbblüten hat auch die Wiesenmargerite (Seite 132) *(Leucanthemum vulgare)*, die ebenfalls essbar ist. Die Margerite wächst jedoch um ein Vielfaches höher als das bodenständige Gänseblümchen, das sich maximal 15 cm erhebt. Außerdem hat das Gänseblümchen im Gegensatz zur Margerite einen blattlosen Blütenstängel:

»DAS GÄNSEBLÜMCHEN, DER KLEINE BENGEL, HAT KEIN EINZIGES BLATT AM STÄNGEL.«

Die Blätter des Gänseblümchens sitzen als Rosette flach am Boden. Ihre Form ist spatelförmig und sie sind zart behaart. Die Blattrosetten erinnern vom Aussehen ein wenig an Feldsalat.

Unterwegs genießen

Sie sind draußen unterwegs und gönnen sich eine Vesperpause? Dekorieren Sie ihre belegten Brote mit Gänseblümchen. Bevorzugen Sie möglichst frisch aufgeblühte Blüten, denn ältere entwickeln mehr Bitterstoffe. Wenn jetzt noch eine Stechmücke zuschlägt, können Sie sich die reizlindernde Wirkung der Blätter zunutze machen: Der Saft der zerquetschten Blätter lindert den Juckreiz.

Gänseblümchen-Rezepte

Das kleine Blümchen eignet sich nicht nur als Zutat für pikante Speisen, sondern durchaus auch für süße Variationen wie Gelee. Bereiten Sie damit nach dem beim Löwenzahn vorgestellten Rezept ein Wildblütengelee (Seite 76) zu.

Gänseblümchen-Kapern (vegan)

Für Beilagen, 3 Stunden Einweichen + 15 Min.

- 3 Tassen Gänseblümchenknospen
- ½ TL Salz
- 150 ml Weinessig
- einige Pfefferkörner
- Fenchelkörner
- 1 Lorbeerblatt

Die frischen Blütenknospen werden mit Salz bestreut und etwa 3 Stunden stehen gelassen. Sie können Ihre Sammelausbeute auch mit Löwenzahnknospen anreichern. Diese sind etwas größer und die Tassen sind schneller gefüllt!

Dann wird ein Gewürzsud aus Essig, Pfeffer, Fenchel und Lorbeer hergestellt. Die Knospen in den kochenden Sud geben, aufwallen lassen. Noch heiß in saubere Einmachgläser abfüllen und sofort verschließen. Die Knospen müssen mit Essig bedeckt sein.

Gänseblümchen-Suppe (vegetarisch)

Für 4 Personen, 15 Min.

- 125 g Gänseblümchenblätter
- 4 EL Butter oder Öl
- 3 EL Dinkelvollmehl
- 1000 ml Gemüsebrühe
- 4 EL Crème fraîche oder Sojasahne
- Pfeffer
- Schwarzkümmel
- 1 Scheibe Brot
- 1 Handvoll Gänseblümchenblüten

Gänseblümchenblätter grob schneiden und in 3 EL Fett andünsten. Mit Mehl bestäuben (Mehlschwitze), mit Brühe aufgießen und einige Minuten köcheln lassen.

Zum Schluss Crème fraîche einrühren und mit gemahlenen Gewürzen abschmecken.

Inzwischen gewürfeltes Brot im restlichen Fett anrösten. Suppe in Teller füllen und mit Brotwürfeln und Blüten garnieren.

Gänseblümchen-Suppe

Gänsefuß – der Steinzeit-Spinat

Gänsefuß

Chenopodium album
Fuchsschwanzgewächse

Fund- und Sammelorte: verbreitetes Unkraut (Gärten, Äcker, Brachland) auf nährstoffreichen Böden

Verwendete Pflanzenteile: junge Blätter, Triebe, Samen

Geschmack: mild-würzig

Verwechslung: Stinkende Melde, Bastard-Gänsefuß, Spießmelde, Gewöhnliche Melde

Schon unsere steinzeitlichen Vorfahren hatten den Gänsefuß, auch Weiße Melde genannt, und seine Verwandtschaft auf dem Speisezettel. Bei Ausgrabungen hat man in Nähe der Kochstellen Unmengen an Samen gefunden. Die ersten Ackerbauern sammelten die Unkräuter aus der Gänsefußfamilie als proteinreiche Ergänzung des Speiseplans. Einige davon machten im Mittelalter sogar kurzfristig Karriere als Gartengemüse: der Gute Heinrich *(Chenopodium bonus-henricus)* und die Garten-Melde *(Atriplex hortensis)*. Als dann im 14. Jahrhundert der Spinat seinen Siegeszug begann, verschwanden sie leider nach und nach vom Speiseplan.

Verwandtschaft mit Spinat und Quinoa

Der Gänsefuß ist eines der schmackhaftesten und vielseitigsten Wildgemüse. Er gehört wie der Spinat zur Familie der Fuchsschwanzgewächse. Diese Verwandtschaft kann man direkt schmecken, doch er ist noch milder als Spinat. Am besten schmecken die jungen Blätter und Triebe. Sie bereichern Salate, Suppen, Aufläufe und Quiches. Ältere Blätter sollten blanchiert oder erhitzt werden, da sie sonst zu bitter sind. Mit Beginn der Blüte, ab Juli, sind die Blätter nicht mehr interessant.

MEIN TIPP: Kurz bevor die Blüten aufgehen, können Sie die knospigen Blütenstände sammeln und in Butter dünsten.

Die schwarzen Samen sind ebenfalls essbar. Sie sind zwar ziemlich klein, aber da der Gänsefuß meist in Massen auftritt und unglaubliche Mengen Samen produziert, lohnt sich die Ernte trotzdem. Unsere Vorfahren haben ihn wie Getreide genutzt und als Brei gegessen. Er kann auch gemahlen unter das Mehl gemischt werden. Der Samen muss vor der Verwendung von den Saponinen befreit werden. Dazu wird er in heißem Wasser eingeweicht und gut abgespült. Entweder man verwendet ihn dann gleich oder er muss für die Lagerung im Backofen getrocknet werden. Das schonende Rösten (bei ca. 70 °C) sorgt zudem für geschmackliche Aufwertung. Der Gänsefußsamen hat ein berühmtes Vorbild: Eine nah verwandte Art aus den Anden namens Quinoa *(Ch.*

Wenn die Blüte beginnt, werden die Blätter des Weißen Gänsefußes bitter.

Die jungen Triebe eignen sich vorzüglich für spinatähnliche Zubereitungen.

quinoa), hat in den letzten Jahren als pflanzliche Eiweißquelle Karriere gemacht.
Gänsefuß enthält wie auch Spinat und Mangold Oxalsäure, weshalb Sie diese Lebensmittel nicht im Übermaß genießen sollten. Vor allem Menschen mit Nierenerkrankungen sollten oxalsäurehaltige Lebensmittel meiden. Oxalsäure löst nach dem Genuss ein stumpfes pelziges Gefühl auf den Zähnen aus.

Gesundheits-Check

Der Weiße Gänsefuß gehört zu den Spitzenreitern der Wildgemüse-Charts. Bei allen Nährstoffen ist er in der Spitzengruppe zu finden. Er enthält erstaunlich viel Kalium, Magnesium und Kalzium und ist ein vorzüglicher Vitamin-C-Lieferant. Im Vergleich zum Topgemüse Mangold enthält er 2,5-mal mehr Kalium, 3-mal mehr Kalzium und 6-mal mehr Vitamin C! Eine Besonderheit sind die kleinen Samen: Sie haben einen sehr hohen Proteingehalt mit einer ausgewogenen Zusammensetzung der Aminosäuren.
Der Weiße Gänsefuß ist reich an Polyphenolen und hat deshalb eine starke antioxidative Wirkung. Neuere Untersuchungen geben Hinweise, dass die Pflanze ein erstaunliches Anti-Krebs-Potenzial besitzt. Außerdem wirken die Inhaltsstoffe antiviral und entzündungshemmend.
In der Volksmedizin nutzte man das blühende Gänsefußkraut bei festsitzendem Husten, was sich durch die vorhandenen Saponine erklärt. Außerdem sagte man ihm

eine leicht abführende Wirkung nach und setzte ihn bei Verstopfung ein.

Sicherheits-Check – Verwechslungen ausschließen

Typisch Gänsefuß: Die jungen Blätter an der Pflanzenspitze sehen meist aus wie mit Mehl bestäubt und wirken dadurch graugrün. Vor allem die Blattunterseite ist mit den weißlichen »mehligen« Härchen bedeckt. Die mehlige Schicht lässt sich leicht abreiben. Beim Anfassen und Reiben fühlt sich das Blatt etwas feucht und fettig an. Auch die grünlichen, in dichten Knäueln stehenden Blüten machen einen bemehlten Eindruck.

»IST DIE BLATTUNTERSEITE MEHLIG UND FETTIG WIE RUSS, DANN HEISST DIE PFLANZE GÄNSEFUSS!«

Der Stängel ist der Länge nach gefurcht und macht den Eindruck, grün-weiß gestreift zu sein. Manchmal ist er rötlich überlaufen. An den Fundorten des Weißen Gänsefußes wachsen verschiedene verwandte Arten, die sehr ähnlich aussehen. Eine Verwechslung ist nicht weiter schlimm, weil alle bis auf zwei Ausnahmen essbar sind.

- Ungenießbar sind die Stinkende Melde *(Ch. vulvaria)* und der Bastard-Gänsefuß *(Ch. hybridum)*, die beim Zerreiben der Blätter unangenehm nach verdorbenen Fisch riechen.
- Die Spießmelde *(Ch. hastata)* und die Gewöhnliche Melde *(Ch. patula)* haben im Gegensatz zum Weißen Gänsefuß schmalere spießförmige Blätter. Außerdem sind sie kaum mehlig. Die unteren Blätter des Weißen Gänsefußes sind dagegen breit und eher rautenförmig; sie haben also eine gewisse Ähnlichkeit mit dem Fußabdruck einer Gans.

Insgesamt gibt es in Deutschland über 30 Gänsefußgewächse, viele davon sind jedoch sehr selten.

Gänsefuß-Rezepte

Die Gänsefußblätter können Sie in der Küche ähnlich vielseitig einsetzen, wie Sie es von Blatt-Spinat gewöhnt sind. Ersetzen Sie bei Ihren Rezepten den Spinat einfach durch Gänsefuß. Oder nutzen Sie eine Mischung aus Garten-Spinat, Gänsefuß und Brennnesseln: ein nuancenreiches Feuerwerk für Ihre Geschmacksknospen.

Gänsefuß-Spinat (vegetarisch)

Für 4 Personen, 15 Min.

- 2 EL Butter oder Öl
- 700 g Gänsefuß- oder Meldenblätter (junge Triebe)
- 2 Knoblauchzehen
- 250 ml Sahne oder Kokosmilch
- gekörnte Brühe
- Salz
- Pfeffer
- 100 g Bergkäse

Butter erhitzen und in Streifen geschnittene Gänsefußblätter dazugeben. Blätter zusammenfallen lassen, Knoblauchzehen dazu pressen und mit Sahne ablöschen. Bei mittlerer Temperatur etwas einkochen lassen.

Dann abwürzen und geriebenen Bergkäse unterziehen.

Der »wilde Spinat« eignet als Beilage für Reis und Fisch.

TIPP Ganz vorzüglich schmeckt der Gänsefuß-Spinat, wenn Sie ihn unter Pasta oder Spaghetti ziehen. Alternativ können Sie ihn als Füllung für Teigtaschen oder Pasteten nutzen.

Gänsefuß-Kokos-Suppe (vegan)

Für 4 Personen, 12 Min.

- 1 Zwiebel
- 40 g frischer Ingwer
- 2 EL Öl
- 1 TL Curry
- 350 g junge Gänsefußtriebe
- 400 ml Kokosmilch
- 350 ml Gemüsebrühe
- Salz
- Pfeffer
- 1 EL Zitronensaft
- Chili
- 30 g Erdnüsse (geröstet und gesalzen).

Zwiebeln und Ingwer fein würfeln und in Öl andünsten. Curry zugeben und kurz darauf die in Streifen geschnittenen Gänsefußblätter. Zusammenfallen lassen und mit Kokosmilch und Brühe aufgießen.

4 Min. kochen lassen und dann pürieren.

Mit Salz, Pfeffer, Chili und Zitronensaft abschmecken und mit grob gehackten Erdnüssen servieren.

Gänsefuß-Spinat

Gärtnerschreck

Giersch

Aegopodium podagraria
Doldenblütengewächse)

Fund- und Sammelorte: sehr häufig, unter Bäumen, Hecken und Büschen, in Gärten, Parks, Weg- und Waldrändern

Verwendete Pflanzenteile: junge, noch glänzende Blätter, Knospen, Früchte

Geschmack: Blätter fein-würzig, Knospen sehr würzig und leicht scharf

Verwechslung: Wald-Engelwurz

Der Giersch, der manchmal auch Geißfuß genannt wird, hatte jahrzehntelang einen schlechten Ruf als hartnäckiges Unkraut. Gartenbesitzer nannten ihn »Gärtnerschreck«, weil er dank seiner unterirdischen Wurzelausläufer ganze Flächen bedeckt und sich ungehemmt ausbreitet. Der Versuch, den Überlebenskünstler durch Hacken zu beseitigen, ist nahezu aussichtslos, denn jedes abgetrennte Wurzelstückchen treibt vital neu aus. Dem verzweifelten Gärtner kann man nur raten, die Fläche eine Saison lang mit Mulchfolie abzudecken. Aber es gibt noch einen besseren Rat: Das Ärgernis aufessen statt sich zu ärgern! In früheren Zeiten war der Giersch nämlich eine beliebte Zutat für die Gründonnerstagssuppe, die aus neun wilden Frühjahrskräutern hergestellt wurde.

Bester Geschmack zum Nulltarif

Inzwischen ist das Unkraut Giersch salonfähig geworden, und das zu Recht: Er ist zweifellos eines der besten und wertvollsten Wildgemüse. Die jungen Blätter und die saftigen Blattstiele sind eine Wucht: fein-würzige Aromen, die an Möhren mit einem Hauch Petersilie erinnern. Sammeln Sie von März bis April vor allem die jungen noch glänzenden Blätter, die sich gerade entfaltet haben. Diese können Sie als Salatzugabe nutzen oder Sie bereiten sie wie Spinat zu. Die Verwertungsmöglichkeiten, ob solo oder gemischt mit anderen Wildkräutern, sind äußerst vielseitig: Suppen, Pesto, Brotaufstriche, Kräuterbutter, Aufläufe, pikante Kuchen (Pizza, Quiche) oder als Füllung von Pfannkuchen, Ravioli und Maultaschen. Da Giersch geschmacklich sehr mild daherkommt, kann er in großen Mengen eingesetzt werden, zum Beispiel ganz wunderbar in »Grünen Smoothies«. Wenn die Blätter älter werden und eine dunkelgrüne Farbe annehmen, ist ihr Aroma wesentlich herber. In diesem Stadium eignen sie sich kaum mehr für den rohen Genuss. Wenn Sie allerdings die Stängel entfernen und die Blätter dünsten, dann sind sie durchaus noch verwertbar. Sobald jedoch der Blütenstängel erscheint, ist die

Am besten schmecken die ganz jungen, noch glänzenden Blätter.

Die drei Teilblättchen des Gierschblattes sind oftmals zweigeteilt.

Zeit der Blatternte vorbei; es sei denn, der Bestand wird gemäht und treibt dann erneut aus. Auf diese Art ist es möglich, fast ganzjährig jungen Giersch zu sammeln.

Ab Mai entfalten sich die winzigen weißen Blüten des Doldenblütlers. Im knospigen Zustand schmecken sie sehr würzig und leicht scharf. Geben Sie sie klein geschnitten als Würze über die Speisen. Im Sommer entwickeln sich dann die Früchte, die grün oder getrocknet wie Fenchelfrüchte als Gewürz genutzt werden können.

Gesundheits-Check

Giersch ist ein richtiges Kraftpaket an Nährstoffen, Mineralien und Vitaminen. Er gehört zu den proteinhaltigsten heimischen Wildpflanzen. Auch bezüglich seines Gehalts an Vitamin C und A reiht er sich in den Charts der besten Wildgemüse unter den »Top Ten« ein. Er enthält 15-mal so viel Proteine und Vitamin C wie Endiviensalat. Außergewöhnlich ist auch der hohe Kaliumgehalt, was vor allem unseren Muskel- und Nervenzellen zugutekommt.

Die Sekundären Pflanzenstoffe des Giersch entsäuern und entgiften unseren Organismus. Sie haben zudem antioxidative und antibakterielle Wirkungen.

Er ist sehr hilfreich bei rheumatischen Erkrankungen und wegen der durchspülenden Wirkung auch bei Harnwegsinfekten. Für Heilzwecke nutzen Sie die Gierschblätter am besten kurz vor Blühbeginn. Dann enthalten sie die meisten Wirkstoffe. Im

Mittelalter nahm man die Blätter nicht nur innerlich als Tee, sondern man legte sie auch als Umschlag auf die schmerzenden Glieder. Zuvor wurden sie etwas angequetscht.

Sicherheits-Check – Verwechslungen ausschließen

Sie erkennen ihn am flächendeckenden Vorkommen – ein Giersch steht niemals allein. Zerreiben Sie einen Blattstiel zwischen den Fingern – es duftet angenehm nach Möhre. Der Blattstiel ist deutlich dreikantig – durchgeschnitten präsentiert sich die Schnittfläche als Dreieck. Das gilt nicht für den Stängel, an dem später die Blüte erscheint: Er ist rund, hohl und längs gerillt. Blätter und Stängel sind nicht behaart.

»DER GIERSCH IST SCHNELL ERKANNT, NIMMT MAN DEN BLATTSTIEL IN DIE HAND!«

Wenn Sie ein Blatt anschauen, werden Sie feststellen, dass es sich um ein zusammengesetztes Blatt handelt – es ist dreigeteilt. Die drei Teilblättchen (Blattfiedern) sind wiederum dreigeteilt, manche davon allerdings nur zweigeteilt. Diese zweigeteilten Blätter sind verantwortlich für den Namen Geißfuß, denn ihre Form ähnelt dem Fußabdruck der Ziegen.

— Eine mögliche Verwechslungspflanze ist die Wald-Engelwurz (*Angelica silvestris*), die ebenfalls essbar ist: Engelwurzblätter haben meist mehr als drei Teilblättchen, und wenn Sie sich deren Ansatz an den Blattstiel genau ansehen, können Sie eine ringförmige dunkelviolette Verfärbung erkennen. Zudem ist der Blattstiel rinnig und nicht dreikantig!

Unterwegs genießen

Die zartgrünen Frühlingsaustriebe des Giersch können Sie roh knabbern. Aufs Butterbrot gelegt oder unter den Salat gemischt bereichern sie jedes Picknick, sowohl geschmacklich als auch mit Vitaminen und Proteinen.

Giersch-Rezepte

Der Giersch ist ein Allrounder in der Küche. Testen Sie seine Geschmacksnuancen, indem Sie anhand der Basisrezepte (Seite 16) ein Giersch-Pesto ausprobieren. Das aromatische Gemüse passt auch wunderbar zu Kartoffelgerichten, zum Beispiel als Bestandteil eines Kartoffelgratins oder als grünes Kartoffelpüree.

Giersch-Tagliatelle (vegetarisch)

Für 4 Personen, 20–25 Min.

- 2 Zwiebeln
- 1 Knoblauchzehe
- 2 EL Olivenöl
- 500 g Giersch
- 3 Tomaten
- Zitronensaft
- Pfeffer
- gekörnte Brühe (Gemüsebrühe)
- 400 g Tagliatelle (oder Spaghetti)
- 150 g Mozzarella

Zwiebeln und Knoblauch klein gehackt in Öl glasig dünsten. Gierschblätter in Streifen schneiden und bei schwacher Hitze 5 Min. dünsten, bis sie zusammengefallen sind.

Gehäutete und fein gewürfelte Tomaten dazugeben und mit gekörnter Brühe würzen. Mit Zitronensaft und Pfeffer abschmecken.

Nudeln in Salzwasser »al dente« kochen, abgießen und zusammen mit dem gewürfelten Mozzarella unter das Gierschgemüse heben.

TIPP Sie können das Gierschgemüse auch als Füllung für Pfannkuchen nutzen.

Cremiges Giersch-Risotto (vegan)

Für 4 Personen, 35 Min.

- 4 EL Olivenöl
- 2 Zwiebeln
- 400 g Risotto-Reis
- 1600 ml würzige Gemüsebrühe
- 500 g Giersch
- 100 g weißes Mandelmus
- 200 ml Wasser
- 2 TL Zitronensaft

Öl in einem Topf erhitzen und klein gehackte Zwiebel darin glasig dünsten. Reis zugeben und 2 Min. mitdünsten.

Nun immer so viel heiße Brühe zugießen, dass der Reis bedeckt ist. Unter Rühren etwa 20 Min. garen und dabei nach und nach die restliche Brühe zugießen.

Den Giersch grob zerkleinern und zusammen mit der Mandelcreme aus Mandelmus, Wasser und Zitronensaft unter den Risotto rühren. Mit Salz und Pfeffer würzen und weitere 5 Min. garen.

Cremiges Giersch-Risotto

Traditionelles Gewürz unserer Vorfahren

Knoblauchsrauke

Alliaria petiolata
Kreuzblütengewächse

Fund- und Sammelorte: halbschattige Standorte, an Wald- und Wegrändern, bei Hecken und Gebüschen

Verwendete Pflanzenteile: zarte Grundblätter vor der Blüte, grüne Samenschötchen, Samen

Geschmack: knoblauchähnlich mit süßen, scharfen und bitteren Komponenten

Verwechslung: Gundermann, Scharbockskraut

Bei Ausgrabungen an der Ostseeküste fand man im Kochgeschirr Reste der Knoblauchsrauke. Der 5000 Jahre alte Fund belegt, dass die jungsteinzeitlichen Siedler die Wildpflanze auf ihrem Speisezettel hatten. Auch im Mittelalter war das aromatische Wildkraut eine wichtige Würzpflanze, die von der armen Bevölkerung anstelle des teuren Pfeffers verwendet wurde. Der Botaniker und Kräuterbuchautor Hieronymus Bock bezeichnete die Knoblauchsrauke 1539 als »edles Kraut zu den grünen Soßen«. Man verwendete damals die Blätter als Gemüse und den Samen als Gewürz. Leider ist das mittelalterliche Küchengewürz heute in Vergessenheit geraten.

Mildes Knoblaucharoma

Es lohnt sich, die Würztradition unserer Vorfahren neu zu beleben, denn die Blätter der Knoblauchsrauke sind sehr nuancenreich: Den knoblauchähnlichen Geschmack begleiten süße, scharfe und bittere Komponenten. Am besten schmecken die zarten Grundblätter vor der Blüte. Je näher der Erntezeitpunkt beim Blühbeginn liegt, desto bitterer und unangenehmer wird das Aroma. Nehmen Sie die jungen Blätter von März bis Mai als Gewürz, um Kräuterbutter, Kräuterquark, Salatsoßen und Pesto zu bereichern. Ganz junge Blätter können auch unzerkleinert unter Blattsalat gemischt werden. Am besten kommt das milde Knoblauch-Aroma roh zur Geltung, weshalb Sie die fein geschnittenen Blätter möglichst erst ganz zum Schluss an erhitzte Speisen geben. So profitieren auch Suppen, Soßen und Eierspeisen von der Knoblauchwürze. Ab April öffnen sich die kleinen weißen Blüten. Daraus entwickeln sich dünne grüne Schoten, die Sie klein geschnitten als scharfes Gewürz verwenden können. Die im Sommer abreifenden kleinen schwarzen Samen eignen sich zur Senfherstellung, was im Mittelalter noch eine gewisse Tradition hatte. Ansonsten nehmen Sie den Samen, ähnlich wie Senfkörner, als Gewürz. Dazu wird er in einer trockenen Pfanne leicht angeröstet und anschließend gemahlen oder im Mörser zerstoßen. Die Wurzel kann ebenfalls als scharfes Gewürz Anwendung finden. Ernten Sie sie zeitig im Frühjahr, denn später wird sie holzig.

Die rundlichen Grundblätter haben das beste Aroma.

Die grünen Schoten besitzen eine milde Schärfe.

Gesundheits-Check

Knoblauchsrauke ist reich an Mineralien und Vitaminen, vor allem Vitamin A und Vitamin C. Sie gehört zwar nicht zu den Top Ten, aber sie enthält immerhin 7-mal so viel Vitamin C wie Kopfsalat.

Bei den Sekundären Pflanzenstoffen stehen die für Kreuzblütler typischen schwefelhaltigen Glucosinolate (Senfölglykoside) im Vordergrund. Sie wirken antioxidativ und antibakteriell.

Im Mittelalter nutzte man die Knoblauchsrauke innerlich, um festsitzenden Hustenschleim zu lösen, sowie gegen den Scharbock, wie man damals den Vitamin-C-Mangel (Skorbut) bezeichnete. Äußerlich angewendet war es eine wichtige Pflanze bei der Wundheilung. Außerdem wirken die stoffwechselanregenden frischen Blätter entwässernd und passen somit vorzüglich zu »Frühjahrs- und Blutreinigungskuren«.

Sicherheits-Check – Verwechslungen ausschließen

Der Geruch ist das entscheidende Erkennungsmerkmal: Wenn Sie ein Blatt zerreiben, entwickelt sich der unverkennbare Knoblauchduft und alle Zweifel sind ausgeschlossen.

Eine Besonderheit der Knoblauchsrauke sind die sehr verschiedenen Blattformen. Im unteren Bereich der Pflanze (Grundblätter) sind sie langgestielt und rundlich-nierenförmig, während die oberen Stängelblätter kurzgestielt sind und eine spitz-dreieckige Form vorweisen. Die Stängelblätter, die ein wenig Brennnesselblättern ähneln, sind am Rand gezähnt, während die Grundblätter einen gekerbten Rand haben.

- Im jungen Austriebsstadium, wenn sich die Pflanze nur mit ihren zarten rundlichen Grundblättern zeigt, könnten Sie sie mit den kleineren Blättern des Gundermann *(Glechoma hederacea)* verwechseln, die ebenfalls essbar sind. Der streng-würzige Gundermann riecht aber nicht nach Knoblauch. Gundermann besitzt blaue Blüten.
- Eine ähnliche Blattform hat auch das gelbblühende Scharbockskraut *(Ficaria verna)*, dessen Blätter auf der Oberseite stark glänzen. Die Blätter der Knoblauchsrauke haben ein deutliches charakteristisches Adernetz. Sowohl Scharbockskraut als auch Gundermann sind essbar.

Unterwegs genießen

Die Knoblauchsrauke ist mit ihrem milden Knoblauch-Aroma eine willkommene Würze für jede Mahlzeit in der »Wildnis«. Ein Vorteil gegenüber dem echten Knoblauch ist, dass man nach dem Genuss nicht die typische »Knoblauch-Fahne« ausdünstet.

Knoblauchsrauke-Rezepte

Die Knoblauchsrauke ist eine wundere Zutat zur Wildkräuter-Pesto (Seite 16). Sie können die zarten Knoblauch-Aromen auch konservieren, indem Sie sie in Öl oder Essig einfangen. Dazu lassen Sie die klein geschnittenen Blätter oder alternativ die zerkleinerten unreifen Samenschoten etwa eine Woche lang ausziehen. Danach wird abgesiebt und in schöne Flaschen abgefüllt.

Knoblauchsrauken-Senf (vegan)

Als Beilage, 5 Min.

- 50 g Knoblauchsrauken-Samen (eventuell mit Senfsamen gemischt)
- 50 ml Weinessig
- 30 ml Wasser
- 1 TL Salz
- 1 TL Olivenöl
- 1 EL Agavendicksaft

Den Knoblauchsraukensamen in einem Mixer oder einer elektrischen Kaffeemühle zu Mehl mahlen. Die restlichen Zutaten dazugeben und mit einem Rührgerät gründlich verrühren. Noch etwas ziehen lassen, bis das »Senfmehl« gequollen ist.

Sollte der Senf zu weich sein, können Sie mit gemahlenen Samen andicken und umgekehrt mit etwas Essig verdünnen. Im Kühlschrank gelagert ist der Senf etwa 6 Wochen haltbar.

Wilde Knoblauchbutter (vegetarisch)

Für 350 g Butter, 5 Minuten + 60 Minuten kühlen

- 250 g weiche Butter
- 100 g junge Blätter der Knoblauchsrauke
- ½ TL Salz
- Pfeffer

Knoblauchsrauke fein hacken und mit der weichen Butter und den restlichen Zutaten verrühren. Auf ein Backpapier geben und zu einer Butterrolle formen. Im Kühlschrank fest werden lassen und vor dem Servieren in Scheiben schneiden.

TIPP Wälzen Sie die Butterrolle vor dem Servieren in essbaren Blüten, wie beispielsweise von der Roten Taubnessel, dem Persischen Ehrenpreis oder in ausgezupften Löwenzahnblüten.

Knoblauchsrauke-Butter

Fröhliche Kinderpflanze

Löwenzahn

Taraxacum officinale
Korbblütengewächse

Fund- und Sammelorte: nährstoffreiche Standorte, häufig auf Wiesen, Weiden, in Gärten, Parks

Verwendete Pflanzenteile: junge Blätter, geschlossene Blütenknospen, Blüten, Wurzeln

Geschmack: Blätter feinbitter, chicoréeähnlich, Blüten leicht süßlich

Verwechslung: Ferkelkraut, Wiesenpippau, Wegwarte

Als Pusteblume hat der Löwenzahn schon viele Kinderherzen erfreut. Kinder bastelten aus den hohlen Stängeln Ketten, Blasrohre, Wasserleitungen und Ringellöckchen. Einen Nachteil hatte das Spiel: Der weiße Milchsaft machte braune Flecken auf Haut und Kleidern. Vermutlich warnten die Eltern ihre Kinder deshalb, dass der eigentlich harmlose Saft giftig sei.

Vorhang auf für den Superstar

Der Löwenzahn zählt zu den Superstars der Wildkräuterküche, sowohl bezüglich des Geschmacks als auch der Vielseitigkeit. Die jungen Blätter aus der Rosettenmitte haben einen feinbitteren chicoréeähnlichen Geschmack. Ernten Sie am besten von März bis Mai. Ältere Blätter sind nicht mehr so zart und werden zunehmend bitter. Nach dem Abmähen der Wiese treiben sie erneut aus und können bis in den Sommer gesammelt werden. Besonders lecker schmeckt ein Salat aus Löwenzahnblättern, verfeinert mit gebratenen Speckwürfeln oder gerösteten Brot-Croûtons. Die Blätter passen aber auch hervorragend in Suppen, Eierspeisen, Pesto, Smoothies oder sie werden als Gemüse gedünstet.

Eine besondere Delikatesse sind die geschlossenen Blütenknospen. Man kann sie roh in Salat geben oder in Butter andünsten. Sie eignen sich in Essig eingelegt auch als Kapernersatz. Die strahlenden Blüten sind eine leckere Speisedekoration. Da sie leicht süßlich schmecken, eignen sie sich nicht nur für Salate und Kräuterbutter, sondern auch für süße Desserts. Sie können die duftenden Blüten auch als Grundlage von Sirup, Likör oder Blütengelee einsetzen. Die leicht bitteren Pfahlwurzeln können als Gemüse zubereitet werden. Sie werden gebraten oder gedünstet, bis sie weich sind. Sehr angenehm schmecken sie, wenn sie zusammen mit Pastinake gekocht und zu einer Suppe püriert werden. Das darin enthaltene Inulin ist für Diabetiker sehr gut verträglich. Ähnlich wie die Zichorienwurzel kann man daraus einen Kaffeeersatz herstellen. Dazu schneiden Sie die gesäuberten Wurzeln in kaffeebohnengroße Stücke und rösten sie auf einem Backblech bei

Eine kulinarische Spezialität sind die noch fest geschlossenen Blütenknospen.

Die zahlreichen Strahlenblüten verfeinern Salate und Desserts.

200 °C. Nach ca. 15 Minuten sind sie braun geröstet. Dazwischen ab und zu wenden und die Feuchtigkeit aus dem Ofen lassen. Nach dem Abkühlen kann der Kaffee gemahlen und aufgebrüht werden.

Gesundheits-Check

Der Löwenzahn belegt einen Spitzenplatz, was den Gehalt an Provitamin A angeht. Da macht er selbst der dafür berühmten Karotte Konkurrenz. Außerdem überzeugt er durch eine große Menge Kalium, das bei der Blutdruckregulierung eine wichtige Rolle spielt. Löwenzahn ist zudem ein vorzüglicher Vitamin-K-Lieferant, ein wichtiger Stoff für die Knochengesundheit. Die Sekundären Pflanzenstoffe des Löwenzahns wirken auf den Organismus entgiftend und reinigend. Sie bringen die Verdauungssäfte zum Fließen und helfen, den Cholesterinspiegel zu senken. Die zahlreich vertretenen Flavonoide und Carotinoide sind hochwirksame Antioxidanzien.

In der Volksheilkunde nutzt man Blätter und Wurzeln des Löwenzahns wegen der harntreibenden, stoffwechselanregenden und verdauungsfördernden Wirkungen.

Sicherheits-Check – Verwechslungen ausschließen

Wenn der Löwenzahn seine gelben Blüten öffnet, ist eine Verwechslung mit anderen Pflanzen fast ausgeschlossen. Denn alle

ähnlich blühenden gelben Korbblütler haben verzweigte Blütenstängel, während beim Löwenzahn der große Blütenkorb auf einem unverzweigten hohlen und blattlosen Stängel thront.
Vor der Blüte ist eine Unterscheidung schwieriger, denn zahlreiche milchsaftführende Pflanzen haben eine Blattrosette mit ähnlich geformten Blättern. Beruhigend ist die Tatsache, dass keine davon giftig ist. Schauen Sie sich die unregelmäßig eingeschnittenen Löwenzahnblätter genau an: Sie sind weder auf der Blattoberseite noch auf der Unterseite behaart (vereinzelt lässt sich vielleicht ein Härchen entdecken).

»LÖWENZAHN HEISST DAS LECKERE BLATT, ABER NUR WENN ES KEINE HAARE HAT.«

Alle ähnlich aussehenden Korbblütler haben deutlich behaarte Blätter:

- Ferkelkraut *(Hypochaeris radicata)*: Blüht gelb und besiedelt eher magere Wiesen. Die Blätter sind steif behaart und Blätter sowie Stängel haben ein etwas bläuliches Grün. Genauso essbar wie Löwenzahn, sogar noch milder im Geschmack.
- Wiesenpippau *(Crepis biennis)*: Er kommt wie der Löwenzahn auf Fettwiesen vor und blüht ebenfalls gelb. Die Blätter sind borstig behaart, vor allem die Mittelrippe der Blattunterseite. Ebenfalls essbar.
- Wegwarte *(Cichorium intybus)*: Während der Blüte ist eine Verwechslung ausgeschlossen, denn Sie blüht blau. Die Blätter der Rosette sind im Gegensatz zum Löwenzahn behaart, vor allem unterseits. Ebenfalls essbar, aber ziemlich bitter.

Unterwegs genießen

Die süßlichen Zungenblüten des Löwenzahns sind eine leckere Dekoration, egal ob Sie herzhafte oder süße Speisen aus dem Picknick-Korb zaubern.
MEIN TIPP: Befreien Sie zuvor die Zungenblüten vom bitteren grünen Kelch: Zungenblüten festhalten und den Kelch mit einer Drehbewegung entfernen!

Löwenzahn-Rezepte

Sie können die Löwenzahnblätter in allen Basisrezepten (Seite 16) einsetzen. Nicht jeder mag die Bitterstoffe im Löwenzahn, vor allem in älteren Blättern. Durch Einlegen in lauwarmes Wasser lassen sie sich etwas entbittern. In Frankreich werden die austreibenden Blätter gebleicht, um sie milder zu machen. Dazu wird der Löwenzahn etwa 10 bis 14 Tage abgedeckt, z. B. mit einem Blumentopf oder einem Eimer.

Löwenzahn-Blüten-Gelee (vegan)

Als Beilage, 45 Min.

- 250 g Löwenzahnblüten
- 2 Bio-Zitronen
- 1 Bio-Orange
- 800 ml Wasser
- 1 kg Gelierzucker

Die grünen Hüllblätter der Blüten entfernen. Die gelben Blüten mit in Stücke geschnittenen Zitronen und Orangen im Wasser aufkochen und 30 Min. auf kleiner Flamme ziehen lassen. Den Topfinhalt abfiltern und mit dem Gelierzucker mischen.

Nochmals 5 Min. kochen und heiß in vorbereitete Schraubgläser füllen. Mit dem Deckel verschließen, umdrehen und 5 Min. auf dem Deckel stehen lassen. Das goldgelbe Gelee eignet sich als Brotaufstrich oder weiterverarbeitet in Süßspeisen.

Sie können die Löwenzahnblüten auch mit anderen süßlich schmeckenden Wildblüten mischen (z. B. Gänseblümchen, Holunder, Labkraut, Mädesüß).

Löwenzahnknospen (vegan)

Für 4 Personen, 15–20 Min.

- 1 Zwiebel
- 1 rote Paprikaschote
- 3 EL Olivenöl
- 700 g geschlossene Löwenzahnknospen
- 8 getrocknete Tomaten in Öl
- 2 EL Tomatenmark
- 1 TL Oregano
- Pfeffer
- Salz
- 30 g Sonnenblumenkerne

Gehackte Zwiebel und in Würfel geschnittene Paprika 3 Min. in Öl andünsten. Dann Löwenzahn, fein gehackte Tomaten, Tomatenmark und Oregano dazugeben und unter Rühren weitere 4 Min. garen.

Salzen, pfeffern und mit gerösteten Sonnenblumenkernen garnieren.

TIPP Sie können dieses Gericht pur genießen, unter Nudeln ziehen, auf Baguettescheiben überbacken oder als Pizzabelag verwenden.

Löwenzahn-Blüten-Gelee

KILNER

Nahrungspflanze und Symbol der Fruchtbarkeit

Malve

Malva silvestris
Malvengewächse

Fund- und Sammelorte: trockene sonnige Standorte, Wegränder

Verwendete Pflanzenteile: junge Blätter, Blüten, grüne unreife Früchte

Geschmack: mild, zart, schleimig

Verwechslung: verschiedene andere Malvenarten (alle essbar)

Die Wilde Malve gehörte vor Jahrtausenden zu den bevorzugten Nahrungspflanzen, was Funde in steinzeitlichen Siedlungen um ca. 8000 v. Chr. belegen. Auch bei den Griechen der Antike waren Malvenblätter ein gängiges und sättigendes Nahrungsmittel. Der alte Name Käsepappel nimmt Bezug auf die Malve als Nahrungspflanze, denn sie wurde zusammen mit Getreide zu einem Brei gekocht, der »pappsatt« machte. Papp ist ein altes Wort für Brei.

Die blühfreudige Pflanze war schon damals ein Symbol der Fruchtbarkeit. Die Malvenfrüchte galten sogar als Aphrodisiakum. Das ist auch der Grund, warum im Mittelalter die Kinder davor gewarnt wurden, zu viele der Früchte, die man auch »Käsli« nannte, zu essen. Man erzählte ihnen, dass man davon verrückt werde oder Läuse bekomme. So sollte verhindert werden, dass die Jüngsten schon frühzeitig auf »dumme Gedanken« kommen.

Sie können auch die kleine Weg-Malve (*Malva neglecta*) verwenden, die Sie sehr häufig an Ackerrändern, in Gärten und auf Feldwegen finden.

Mild und schleimig

Die jungen Malvenblätter gehören zu den mildesten und zartesten Wildgemüseblättern. Sie eignen sich deshalb hervorragend für Salate, Suppen und für spinatähnliches Gemüse. Schauen Sie sich jedoch vor allem ältere Blätter auf der Blattunterseite genau an, denn Malven werden gerne von verschiedenen Pilzerkrankungen befallen. Man erkennt dies an rostfarbenen oder schwarz-braunen Flecken. Nehmen Sie nur gesunde Blätter.

Die attraktiven Blüten dienen als essbare Verzierung von Salaten und Desserts. Durch ihre wunderbare Farbe können Sie sie auch gut zum Färben von Nachspeisen, Kräutersalz, Likör oder Sirup einsetzen.

Die grünen unreifen Früchte können Sie einfach über ihre Salate streuen. Sie eignen sich auch zum Einlegen in Essig wie Kapern. Wegen ihres Schleimgehalts können die nussigen Scheibchen wie Okraschoten gedünstet werden, die ja auch zu den Malvengewächsen gehören. Allerdings benötigen Sie viel Geduld, um damit eine sättigende Mahlzeit zu gestalten.

Schleimstoffe werden in Mitteleuropa nicht von allen Menschen gemocht, man-

Die zarten Blüten der Wilden Malve eignen sich hervorragend als essbare Speisedekoration.

Die grünen Scheibenfrüchte können roh verspeist werden.

che empfinden die Konsistenz sogar als sehr unangenehm. In arabischen Ländern sowie in Afrika und Asien sind schleimhaltige Lebensmittel allerdings sehr beliebt. Testen Sie mit einem Malvengericht selbst, zu welcher Gruppe Sie zählen.

Gesundheits-Check

Die Malven haben ein außerordentlich gutes Nährstoffprofil. Sie bestechen durch einen unglaublichen Eiweiß- und Vitamin-A-Gehalt. Aber auch bei den Mineralien und Spurenelementen reihen sie sich in die Top Ten ein. Die Weg-Malve enthält beispielsweise 4-mal so viel Proteine wie Feldsalat und die Wilde Malve toppt den Rosenkohl mit einem 14-fachen Provitamin-A-Gehalt. Die Sekundären Pflanzenstoffe der Malven sind stark antioxidativ und wirken somit gut gegen freie Radikale.

In der Heilkunde werden vor allem die Wilde Malve und die Weg-Malve genutzt. Dabei stehen die reizlindernden und entzündungshemmenden Wirkungen im Vordergrund, weshalb sie bei Reizhusten und Entzündungen der Schleimhäute im Mund- und Rachenraum eingesetzt werden.

Sicherheits-Check – Verwechslungen ausschließen

Alle bei uns vorkommenden Malven sind essbar. Ein typisches Merkmal der Malven sind die miteinander verwachsenen Staubfäden in den Blüten, die wie eine Röhre herausragen. Ein weiteres Erkennungsmerkmal sind die handförmigen Blätter, die meist fünfteilig gelappt oder eingeschnitten sind. Ebenfalls malventypisch sind die scheibenförmigen Früchte, die an Käselaibe erinnern. Nachfolgend werden die 4 wichtigsten essbaren Malven unterschieden:

- Wilde Malve *(M. silvestris)*: Die großen rosavioletten Blüten (4 bis 6 cm) mit den dunkleren Längsstreifen sitzen büschelweise in den Blattachseln. Eine aus Spanien stammende Unterart *(ssp. mauritania)* wird auf den Feldern häufig als Gründünger eingesät und hat im Gegensatz zur heimischen Art ganz dunkelviolette Blüten. Sie ist genauso zu verwenden.
- Moschusmalve *(M. moschata)*: Hat im Gegensatz zur Wilden Malve tief eingeschnittene, gefiederte Blätter. Typisch: direkt unter dem Blütenkelch drei spitze Außenkelchblätter.
- Rosenmalve *(M. alcea)*: Die unteren Blüten sitzen einzeln in den Blattachseln und die drei Außenkelchblätter sind im Gegensatz zur Moschusmalve breit eiförmig.
- Weg-Malve *(M. neglecta)*: Sie ist im Gegensatz zur Verwandtschaft sehr klein und hat fast weiße Blüten, die nur halb so groß sind (1 bis 2 cm). Die Blätter sind eher rundlich. Sie finden sie sehr häufig an Ackerrändern, in Gärten und auf Feldwegen.

Unterwegs genießen

Mit den mild schmeckenden Blüten können Sie Ihre Brote dekorieren oder sie einfach roh verspeisen. Eine Besonderheit sind die noch grünen scheibenförmigen Früchte, die schon in früheren Zeiten gerne von Kindern frisch vom Strauch gegessen wurden. Sie werden aus dem Kelch herausgeschält und roh geknabbert. Eine Vitaminspritze für unterwegs!

Malven-Rezepte

Die Malve eignet sich durch ihren milden und neutralen Geschmack zur Beimischung in allen Basisrezepten (Seite 16), egal ob Suppe, Gemüse oder Pesto. Vor allem bittere und scharfe Wildkräuter profitieren von der ausgleichenden Milde der Malven. Bedingt durch ihren Schleimgehalt, dicken Malven während des Kochens etwas ein.

Ägyptische Malven-Suppe, Molokhia (vegan)

Für 4 Personen, 25 Min.

- 2 EL Olivenöl
- 2 Knoblauchzehen
- 1 TL Koriander
- 5 Kardamomkapseln
- 1 Lorbeerblatt
- 1 l Gemüsebrühe
- 350 g Malvenblätter
- 25 g Couscous
- Saft einer ½ Zitrone
- Pfeffer
- Salz

Alle Gewürze kurz in Olivenöl anbraten. Mit der Gemüsebrühe aufgießen und 5 Min. köcheln lassen. Nun Gewürze durch ein Sieb abgießen und fein geschnittene Malvenblätter sowie Couscous in die Brühe einrühren.

Etwa 10 Min. köcheln lassen und mit Zitronensaft, Salz und Pfeffer abschmecken. Mit Fladenbrot servieren.

TIPP Die Malve enthält nicht so viel Schleim wie das in Ägypten für dieses Gericht verwendete Malvengewächs *(Corchorus olitorius)*. Traditionell isst man dazu Lamm oder Hähnchen.

Bulgur-Malven-Pfanne (vegetarisch)

Für 4 Personen, 30 Min.

- 1 Zwiebel
- 2 EL Olivenöl
- 200 g Tomaten
- 350 g Malvenblätter
- 650 ml Gemüsebrühe
- 250 g Bulgur, mittel oder grob
- 2 EL kleingeschnittene frische Kräuter (Thymian, Petersilie)
- 100 g Schafskäse, gewürfelt
- 1 Handvoll Malvenblüten

Zwiebel klein schneiden und in Öl anbraten, gewürfelte Tomate und kleingeschnittene Malvenblätter zugeben. Mit Gemüsebrühe aufgießen und zum Kochen bringen.

Bulgur einrühren und Pfanne mit einem Deckel verschließen. Vom Herd nehmen und 20 Min. ziehen lassen.

Mit einer Gabel lockern, eventuell überschüssige Flüssigkeit abgießen und frische Kräuter und Schafskäse unterheben. Mit Blüten bestreuen und servieren.

Ägyptische Malven-Suppe

Indianische Heilpflanze und Kraftgemüse

Nachtkerze

Oenothera biennis
Nachtkerzengewächse

Fund- und Sammelorte: Bahndämme, Straßen- und Wegränder, sonnige Böschungen und Brachflächen

Verwendete Pflanzenteile: Blätter der Grundrosette, Pfahlwurzel, Blüte

Geschmack: Blätter mangoldähnlich, Wurzeln schwarzwurzelähnlich, Blüte mild-süßlich

Verwechslung: Karde, Königskerze, andere Nachtkerzen (essbar)

Die wunderschöne Nachtkerze stammt ursprünglich aus Nordamerika. Bei den dortigen Ureinwohnern war sie eine wichtige Heilpflanze, die beispielsweise bei Erkältungskrankheiten und Hauterkrankungen eingesetzt wurde. 1614 wurde sie als Zierpflanze nach Europa gebracht und in Parks und Gärten kultiviert. Von da aus hat sie sich in die Natur verbreitet.

Die Bauern entdeckten recht schnell ihr Potenzial als Gemüse, das man damals Rapontika nannte. Neben den Blättern nutzte man vor allem die rübenförmige Pfahlwurzel. Ein altes Sprichwort behauptet, dass ein Pfund der Nachtkerzenwurzel so viel Kraft gebe wie ein 1 Zentner (50 kg) Ochsenfleisch. Johann Wolfgang von Goethe ließ seine Frau 1810 den Samen im Garten aussäen, wie es in einem Brief überliefert ist. Leider wurde das »Kraftgemüse« von modernen Züchtungen aus dem Gemüsegarten verdrängt.

Ein schmackhaftes aromatisches Gemüse

Bevor der Blütenstängel austreibt, können Sie die Blätter der Grundrosette und die Pfahlwurzel sammeln. Das ist von Oktober bis Ende April möglich. Danach werden die Wurzeln holzig, zäh und ungenießbar. Auch die Blätter sollten Sie nur so lange ernten, bis die Blüte beginnt. Die jungen Blätter, aber auch die jungen geschälten Sprosse, können als Gemüse zubereitet werden und erinnern geschmacklich etwas an Mangold. Die rübenartigen weißen Wurzeln haben ein ähnliches Aroma wie Schwarzwurzeln, allerdings mit einer leichten Schärfe und einem Hauch Sellerieduft. Servieren Sie Ihren Gästen eine Gemüse-Rarität, die es nirgends zu kaufen gibt: Die Wurzeln werden geschält und in etwas Brühe »al dente« gedünstet. Dann können sie weiterverarbeitet werden: mit einer Vinaigrette als Salat angemacht, in Bierteig getaucht und ausgebacken oder mit einer Béchamelsoße als Gemüse serviert. Wegen der Schärfe hat es sich bewährt, milde Wurzelgemüse wie Pastinake oder Schwarzwurzel dazuzumischen. Da sich die Nachtkerzenwurzel beim Kochen rosa verfärbt, nannte man sie früher Schinkenwurz. Um die langen Wurzeln unbeschädigt aus Erde zu bekommen,

Während des Stadiums der Rosettenbildung sind die Wurzeln besonders zart.

Sowohl die geöffneten Blüten als auch die geschlossenen Knospen sind sehr lecker.

sollten Sie mit Spaten oder Wurzelstecher ausgerüstet sein.

Ab Juni beginnt die Blüte. Sowohl Knospen als auch Blüten eignen sich vorzüglich, um deftige, aber auch süße Speisen zu dekorieren. Sie schmecken angenehm mild-süßlich, mit einer leicht scharfen Beinote. Das beste Aroma haben sie 30 Minuten nach dem Öffnen. Beobachten Sie doch einmal das abendliche Schauspiel der faszinierenden Blütenöffnung, das etwa zwischen 18 und 19 Uhr beginnt. Die Nachtkerzenblüten verströmen nach dem abendlichen Öffnen einen süßlichen Duft. Am darauffolgenden Tag beginnen sie schlaff zu werden und abzufallen.

Die kleinen Samen, von denen sich 200 bis 300 in den Kapseln befinden, sind wahre Gesundheitspakete. Sie enthalten einen hohen Anteil an essenziellen Fettsäuren wie Linolsäure und Gamma-Linolensäure.

MEIN TIPP: Streuen Sie die Samen der Nachtkerze über Müsli und über Salate.

Gesundheits-Check

Nachtkerzenblätter und -wurzeln sind bezüglich ihres Nährstoffgehalts leider noch nicht untersucht worden. Es ist davon auszugehen, dass sie, ähnlich wie die meisten Wildpflanzen, ein Mehrfaches an Inhalt anzubieten haben als vergleichbare Gemüsezüchtungen.

Die Sekundären Pflanzenstoffe, die sich in Blättern, Wurzeln und Samen der Nachtkerze befinden, haben ein sehr gutes antioxi-

datives Potenzial. Eine Besonderheit sind die Samen mit ihrem außergewöhnlich hohen Gehalt an essenziellen Fettsäuren.
In der Heilkunde haben vor allem die Samen und das darin enthaltene Öl Medizinkarriere gemacht. Aufgrund der zahlreichen wertvollen Inhaltsstoffe sind sie bei einer Vielzahl von Erkrankungen hilfreich: Neurodermitis, Herz- und Gefäßerkrankungen, rheumatische Beschwerden, prämenstruelles Syndrom, Wechseljahresbeschwerden.

Sicherheits-Check – Verwechslungen ausschließen

Aufgrund ihrer großen gelben Blüten kann die Gewöhnliche Nachtkerze während der Blütezeit (Juni bis September) höchstens mit anderen Nachtkerzen wie z.B. der Rotkelchigen Nachtkerze *(O. glazioviana)* oder der Kleinblütigen Nachtkerze *(O. parviflora)* verwechselt werden. Beide können Sie genauso verwenden.
Im ersten Jahr blüht die zweijährige Nachtkerze allerdings nicht, sondern sie präsentiert sich uns als an den Boden geschmiegte Rosette. Dieses Stadium ist wichtig für die Ernte der Wurzeln und Blätter, denn während der Blüte im zweiten Jahr können diese nicht mehr genutzt werden. So kann es zu Verwechslungen mit den Rosetten von anderen Zweijährigen kommen. Infrage kommen vor allem Karde und Königskerze, beide ungiftig:

- Die Königskerzen *(Verbascum spec.)* haben wesentlich stärker behaarte Blätter, meist sogar dicht filzig.
- Die Rosettenblätter der Karden *(Dipsacus spec.)* sind runzelig und netzartig geadert. Außerdem sind sie an der Mittelrippe stachelig.
- Die länglich-eiförmigen Blätter der Nachtkerze sind oft etwas rötlich angehaucht und haben einen fast glatten Blattrand.

Unterwegs genießen

Wenn Sie an einem lauen Sommerabend unterwegs sind, dann packen Sie eine Thermoskanne heißes Wasser ein. Die großen Nachtkerzenblüten schmecken nicht nur roh geknabbert vorzüglich, sondern sie ergeben einen feinen Tee mit einem Hauch Vanille-Aroma. Probieren Sie auch einmal die noch geschlossenen Knospen. Man kann sie roh essen, aber auch dünsten.

Nachtkerzen-Rezepte

Die Nachtkerzenblätter können Sie in allen Basisrezepten (Seite 16) verarbeiten. Die Wurzeln haben großes Variationspotenzial, ob als Kochgemüse, Cremesuppe, Salat oder Gratin. Die Blüten eignen sich nicht nur zur Dekoration, sondern sie schmecken auch sehr fein als Tee aufgebrüht.

Wurzelragout (vegetarisch)

Für 4 Personen, 35 Min.

- 500 g Nachtkerzenwurzeln
- 300 g Pastinakenwurzeln
- 1 Zwiebel
- 4 EL Olivenöl
- 1 EL Mehl
- 300 ml Gemüsebrühe
- 2 Eigelbe
- Saft ½ Zitrone
- Curry
- Salz
- Pfeffer
- 3 EL gehackte Petersilie

Wurzeln säubern, schälen und in gleichmäßige Scheiben schneiden. Klein gehackte Zwiebel kurz andünsten, Wurzeln dazugeben und 5 Min. mitbraten. Mit Mehl bestäuben und mit Brühe aufgießen. 2 EL Brühe zurückhalten.

Nun 15 Min. köcheln lassen und gut rühren, damit sich keine Klümpchen bilden. Eigelbe mit Zitronensaft, 2 EL Gemüsebrühe, Curry, Salz und Pfeffer verquirlen.

Eimasse unter das Gemüse rühren und kurz ziehen lassen, aber nicht mehr kochen. Mit frischer Petersilie bestreut servieren.

Frittierte Nachtkerzenknospen (vegan)

Für 4 Personen als Vorspeise, 5 Min.

- 4–5 Handvoll geschlossene Nachtkerzenknospen
- möglichst geschmacksneutrales Öl
- Salz
- Pfeffer

Die Knospen können Sie vor dem Frittieren in einen Pfannkuchenteig eintauchen, aber es funktioniert auch »ganz pur«: Die Knospen ins heiße Fett geben und 1 bis 2 Min. frittieren.

Auf Küchenpapier abtropfen lassen. Mit Salz und Pfeffer würzen und als Vorspeise oder Beilage servieren.

Nicht erschrecken: Die Nachtkerzenknospen werden beim Erhitzungsvorgang aufblühen.

Wurzelragout

Nahrungspflanze wurde zu Unkraut

Rainkohl

Lapsana communis
Korbblütengewächse

Fund- und Sammelorte: sehr häufig in Gärten, auf Äckern, Brachland, an Weg- und Waldrändern

Verwendete Pflanzenteile: junge Blätter, zarten Triebe, Knospen

Geschmack: salatartig mit einer angenehmen Bitternote

Verwechslung: Wiesen-Pippau, Ferkelkraut, Mauerlattich (alle essbar)

Rainkohl war schon in der Jungsteinzeit ein häufiges »Unkraut« auf den Rodungen der ackerbautreibenden Menschen. Verkohlte Rainkohlreste in neolithischen Siedlungen belegen, dass er damals gerne gesammelt und gegessen wurde. Auch aus der Zeit der Römer gibt es Hinweise für seine Nutzung als Nahrungspflanze. Im alten Rom gab es den Ausspruch »Lapsana vivere«, was so viel heißt wie »vom Rainkohl leben«. Allerdings hatte das Sprichwort eine negative Bedeutung und wurde dann verwendet, wenn man nicht viel zu essen hatte. Es scheint also eine Speise der Armen oder eine Notnahrung in Hungerszeiten gewesen zu sein. Auch der Name Kohl ist ein Hinweis auf den gemüseähnlichen Gebrauch. Die alte Nutzung ist heute in Vergessenheit geraten, der gelbe Korbblütler ist den meisten Menschen nur noch als lästiges Gartenunkraut bekannt. Dabei lohnt es sich, das schmackhafte und gesunde Wildgemüse in die moderne Küche zu integrieren.

Angenehme Bitterkeit

Der Rainkohl war für mich eine der großen Entdeckungen im Bereich der Wildgemüse, wahrscheinlich auch deshalb, weil ich ihn jahrzehntelang unbeachtet aus meinem Garten herausgehackt hatte. Am feinsten sind die jungen Blätter, die man im Herbst schon überall aus der Erde spießen sieht. Eine Ernte lohnt sich mengenmäßig aber erst im folgenden Frühjahr, wenn sich die bodenständigen Grundrosetten entfalten. Die zarten Rosettenblätter können den ganzen Frühling gesammelt werden, bis sich der Blütenspross entwickelt. Der Geschmack ist salatartig mit einer angenehmen Bitternote, vergleichbar mit Chicorée. Aber die jungen Blätter und zarten Triebe sind nicht nur eine wunderbare Salatzutat, sie eignen sich auch bestens für Gemüse, Suppen, Eierspeisen oder als spinatähnliche Füllung für Teigtaschen oder Quiche.

Die Bitterkeit der Blätter nimmt jedoch immer mehr zu, je näher die Blüte rückt. Vor allem die Stängelblätter sind sehr herb und auch von der Blattstruktur zäh und faserig.

MEIN TIPP: Sie können ältere Blätter vor Gebrauch fünf bis zehn Minuten in lauwarmem Wasser einlegen, um sie etwas zu entbittern.

Die bodenständigen Grundrosetten des Rainkohls bereichern die Frühlingsküche.

Wenn die kleinen Blütchen erscheinen, sind die Blätter nicht mehr genießbar.

Die ab Juni erscheinenden Knospen werden in Butter angedünstet oder als falsche Kapern eingelegt. Die geöffneten gelben Blüten eignen sich als essbare Dekoration. Entfernen Sie dazu den etwas bitteren Kelch und streuen Sie die gelben Zungenblüten über den Salat. Um Blüten zu ernten, müssen Sie vormittags unterwegs sein, denn nachmittags schließen sich die Blüten bis zum nächsten Morgen.

Gesundheits-Check

Rainkohl ist reich an Mineralien und Vitaminen. Auch wenn er in der Hitliste der Wildkräuter nicht ganz vorne steht, kann er es mit seinem Nährstoffangebot mit manchem Kulturgemüse und -salat aufnehmen. Die bisher in seinen Blättern entdeckten Sekundären Pflanzenstoffe, wie z. B. Chicorsäure und Kaffeesäurederivate, versprechen eine starke antioxidative Wirkung sowie immunsystemstärkende Effekte. Außerdem findet man im Rainkohl reichlich Sesquiterpen-Bitterstoffe, die den Appetit anregen, den Gallefluss fördern und unseren Organismus kräftigen.

In der Volksheilkunde vergangener Zeiten war der Rainkohl eine Pflanze, die äußerlich auf entzündete Haut und Wunden gelegt wurde. Es wurde ihm eine besondere Wirkung bei entzündeten Brustwarzen nachgesagt, worauf sich auch der englische Name »nipplewort« bezieht.

Sicherheits-Check – Verwechslungen ausschließen

Der Rainkohl kann eventuell mit einigen anderen gelb blühenden Korbblütlern verwechselt werden, die jedoch alle essbar sind:

- Wiesen-Pippau *(Crepis biennis)*
- Ferkelkraut *(Hypochaeris radicata)*
- Mauerlattich *(Mycelis muralis)*

Trotzdem können Sie während der Blüte eine Verwechslung ausschließen: Nehmen Sie ein Blütenköpfchen am Kelch zwischen Zeigefinger und Daumen und rollen Sie es hin und her. Wenn Sie die kantigen Rippen der Hüllblätter spüren, dann kann es nur der Rainkohl sein. Im Blütenkörbchen sitzen im Gegensatz zu den »Verwechslern« nur 8 bis 16 gelbe Zungenblüten.

Eine Besonderheit des Rainkohls ist die Vielgestaltigkeit der Blätter. Im unteren Bereich der Pflanze (Grundblätter) sind sie leierförmig. Das Grundblatt besteht aus mehreren Fiederlappen, wobei der Endlappen an der Blattspitze auffällig groß ist und das Blatt sozusagen dominiert. Die Form des Endlappens erinnert an das antike Zupfinstrument (Leier). Die Seitenfiedern sind dagegen sehr klein. Ganz anders die Stängelblätter: Sie sind anfangs oval-lanzettlich und werden nach oben hin immer kleiner und schmaler. Die Blätter sind am Rand buchtig gezähnt und vor allem auf der Blattunterseite stark behaart.

Unterwegs genießen

Die jungen Rainkohlblattrosetten eignen sich sehr gut für einen Outdoor-Spinat am Lagerfeuer oder auf dem Gaskocher, denn wo er wächst, steht er selten allein. So sind Topf oder Pfanne schnell gefüllt. Sehr gut schmeckt eine 1:1-Mischung mit Brennnesseln: Zwiebeln andünsten, Wildkräuter dazugeben und würzen. Nach wenigen Minuten ist die wilde Mahlzeit fertig!

Rainkohl-Rezepte

Den angenehm mild schmeckenden Rainkohl können Sie in allen Basisrezepten (Seite 16) verarbeiten. Er eignet sich vor allem zum Ausgleich von herb und scharf schmeckenden Wildkräutern.

Rainkohl-Salat (vegan)

Für 4 Personen, 15 Min.

- 3 EL Kürbiskernöl (oder Olivenöl)
- 3 EL Balsamico-Essig
- 2 TL Senf
- 1 TL Sojasoße
- 1 EL Mandelmus
- Salz
- Pfeffer
- 100 g junge Rainkohlblätter
- 100 g Feldsalat
- 3 EL Sonnenblumenkerne
- ½ EL Sojasoße

Aus Öl, Essig, Senf, Sojasoße und Mandelmus eine Salatsoße rühren. Mit Salz und Pfeffer abschmecken.

Rainkohlblätter in Streifen schneiden und mit Feldsalat unter die Soße mischen. Sonnenblumenkerne ohne Fett anrösten und mit Sojasoße ablöschen. Kräftig rühren, bis die Sojasoße verdampft ist und die Kerne trocken sind. Über den Salat streuen und servieren.

Rainkohl-Gemüse (vegetarisch)

Für 4 Personen, 15 Min.

- 1 Zwiebel
- 1 Knoblauchzehe
- 3 EL Butter
- 600 g Rainkohl
- 200 g Brennnessel
- 60 ml Gemüsebrühe
- 1 EL Zitronensaft
- 200 g Frischkäse
- Pfeffer
- gekörnte Brühe
- 3 EL Parmesan

Klein gehackte Zwiebel und Knoblauch in Butter andünsten. Grob zerkleinerten Rainkohl und Brennnesseln dazugeben und zusammenfallen lassen. Mit Gemüsebrühe ablöschen, restliche Zutaten zugeben und einige Minuten ziehen lassen.

Mit Pfeffer, gekörnter Brühe und Parmesan würzen. Eignet sich als Beilage oder als herzhafte Füllung für Pfannkuchen und Quiche.

Rainkohl-Salat

Kopfläuse durch Sauerampfer?

Sauerampfer

Rumex acetosa
Knöterichgewächse

Fund- und Sammelorte: nährstoffreiche feuchte Plätze, häufig auf Wiesen, Weiden und an grasigen Wegrändern

Verwendete Pflanzenteile: junge Blätter, Triebspitzen

Geschmack: säuerlich, zitronig

Verwechslung: Aronstab (giftig), andere Ampfer-Arten (ungiftig)

Der Große Sauerampfer gehörte im Mittelalter zu jenen Wildkräutern, die in Notzeiten von der hungernden Bevölkerung zur Nahrungsergänzung gesammelt wurden. Die Blätter wurden gekocht und die getrockneten und gemahlenen Wurzeln nahm man zum Strecken des rar gewordenen Getreidemehls. Die reichen Bürger klassifizierten ihn deshalb als »Arme-Leute-Essen«. Vielleicht entstand aus diesem Grund der Glaube, dass man von dem Genuss des Sauerampfers Läuse bekäme. Die Läuse kamen allerdings nicht vom Sauerampfer, sondern von den katastrophalen Lebensbedingungen der hungernden Bevölkerung.

Sauer macht lustig

Der Große Sauerampfer gehört zu den wenigen Wildkräutern, die es geschafft haben, in die Gourmet-Restaurants einzuziehen. Die jungen Blätter und Triebspitzen haben ein sehr angenehmes säuerliches Aroma. Am besten schmecken die Blätter, bevor der Blütenstängel erscheint, also von März bis April. In den Wiesen findet man dann die nestartig stehenden Rosetten. Mit der Blüte verlieren die Blätter die feine zitronige Säure und werden etwas bitter. Nach dem Mähen treiben die Blätter neu aus und können erneut gesammelt werden.

Die säuerlichen Blätter eignen sich vorzüglich als Gewürz für Salate, Suppen, Smoothies, Dips, Kräuterbutter oder Kräuterquark. Wegen der zitronigen Säure passt er gut zu Fischgerichten. In Frankreich ist der Sauerampfer eine beliebte Küchenwürze, weshalb es auch großblättrige Züchtungen für den Garten gibt. Er ist eine wichtige Zutat bei der berühmten Frankfurter Soße.

MEIN TIPP: Ein erfrischendes Sommergetränk erhalten Sie, wenn Sie die rohen Blätter 1–2 Stunden in Wasser oder Apfelsaft ausziehen lassen.

Wenn im Sommer die Knospen und die rötlichen Blütchen erscheinen, kann man die Rispen abstreifen und über den Salat streuen. Den unverwechselbaren sauren Geschmack erhält der Sauerampfer durch die enthaltene Oxalsäure.

Die pfeilförmigen Blätter haben einen erfrischend sauren Geschmack.

Wenn die rötlichen Blütenrispen erscheinen, haben die Blätter ihr feines Aroma verloren.

Gesundheits-Check

Der Sauerampfer überrascht nicht wie vielleicht erwartet mit einen Spitzenplatz beim Vitamin-C-Gehalt, sondern durch einen außergewöhnlich hohen Eisenwert und beachtliche Mengen an Provitamin A. Trotzdem kann er bezüglich des Vitamins C mit der Zitrone mithalten.

Neuere Untersuchungen bescheinigen dem Sauerampfer zellwachstumshemmende, antioxidative und antivirale Wirkung. In der Volksmedizin galt er als hilfreich bei Atemwegserkrankungen. Außerdem nutzte man ihn zur Appetitanregung und zu »Blutreinigungskuren«.

Die im Sauerampfer enthaltenen Oxalsäuren können für jene Menschen gesundheitsschädlich sein, die zu Harnsteinen neigen oder Nierenerkrankungen haben. Große Mengen sowie Dauergebrauch reizen auch bei gesunden Menschen die Nieren. Gegen den gelegentlichen Genuss oxalsäurehaltiger Lebensmittel ist jedoch nichts einzuwenden. Außerdem verschlechtert Oxalsäure die Bioverfügbarkeit von Mineralien, vor allem von Kalzium und Eisen. Viele Lebensmittel, wie z. B. Rhabarber, Mangold oder Spinat, enthalten ebenfalls viel Oxalsäure. Spinat hat zum Beispiel doppelt so viel Oxalsäure wie Sauerampfer. Durch Kochen wird die Oxalsäure reduziert, allerdings nur wenn das Kochwasser entfernt wird. Außerdem kann man Oxalsäure durch Milchprodukte (Kalzium!) binden und somit weitgehend unschädlich machen.

Sicherheits-Check – Verwechslungen ausschließen

Sauerampferblätter sind pfeilförmig. Typisch sind dabei die rückwärts gerichteten spitzen Blattzipfel am Stielansatz.
Die Blätter haben eine kräftige Mittelrippe und einen erfrischend sauren Geschmack. Kauen Sie ganz vorsichtig auf ein Blattstückchen und spüren Sie mit der Zungenspitze, ob es sauer schmeckt. Spucken Sie gleich aus, wenn es nicht so sein sollte.
GIFTIGE VERWECHSLUNGSPFLANZE: Der Aronstab *(Arum maculatum)* hat ähnliche pfeilförmige Blätter. Er wächst allerdings in Laubwäldern und Gebüschen und nicht wie der Sauerampfer auf Wiesen. Seine Blätter sind in der Regel größer und fühlen sich gummiartig an. Er ist nicht gefährlich giftig, aber er brennt auf der Zunge wie Feuer.
Der Große Sauerampfer kann auch mit anderen Ampfer-Arten verwechselt werden, die aber alle nicht giftig sind:

- Kleiner Sauerampfer *(R. acetosella)*: Er bevorzugt magere Wiesen und saure Standorte. Er ist im Gegensatz zum Sauerampfer viel kleiner. Schmeckt ebenfalls sauer und ist genauso zu gebrauchen.
- Krauser Ampfer *(R. crispus)* und Stumpfblättriger Ampfer *(R. obtusifolia)*: 2 sehr häufige Ampfer-Arten mit großen bitteren Blättern, ohne die typischen Spießecken. Und ohne sauren Geschmack!

»WER SICH IN DER WIESE VERSTECKT UND SAUER SCHMECKT? DAS KÖNNEN NUR ZWEI SEIN, SAUERAMPFER GROSS ODER KLEIN.«

Unterwegs genießen

Als Kind habe ich bei Spaziergängen gerne Sauerampferblätter direkt von der Wiese gekostet. Vielleicht haben Sie den erfrischend säuerlichen Geschmack auch als Kindheitserinnerung abgespeichert. Wenn nicht, dann wird es Zeit, den Genuss nachzuholen. Sie können die Blätter auch fein geschnitten aufs Butterbrot streuen.

Sauerampfer-Rezepte

Sauerampferblätter können Sie in kleinen Mengen unbedenklich zum Würzen aller Speisen verwenden. Lediglich Gerichte, bei denen mehr als 25 g Sauerampfer pro Person eingesetzt werden, sollten Sie nicht über einen längeren Zeitraum regelmäßig essen (siehe Seite 98).

Sauerampfer-Süppchen (vegetarisch)

Für 4 Personen, 25–30 Min.

- 1 Zwiebel oder 1 kleine Lauchstange
- 300 g Kartoffeln (mehlig)
- 3 EL Butter
- 1 Liter Gemüsebrühe
- 150 g Sauerampfer
- 100 ml Sauerrahm oder Crème fraîche
- 1 TL Sojasoße
- 1 TL Zitronensaft
- Pfeffer
- Muskat

Klein geschnittene Zwiebel und gewürfelte Kartoffeln in Butter anbraten und mit Gemüsebrühe aufgießen. 10 bis 15 Min. köcheln lassen.

Sauerampferblätter in Streifen schneiden, zur Suppe geben und 5 Min. ziehen lassen. Nun Suppe fein pürieren und mit Crème fraîche und Gewürzen abschmecken. Eventuell mit feinst geschnittenen Sauerampferblättchen dekorieren.

Karotten-Sauerampfer-Salat (vegan)

Für 4 Personen, 35 Min.

- 750 g Karotten
- 1 Apfel
- 4 EL Olivenöl
- 3 EL Weinessig
- 3 EL Mangosaft
- 1 EL Zitronensaft
- 1 EL weißes Mandelmus
- 1 TL gekörnte Brühe
- Salz
- Pfeffer
- 100 g junge Sauerampferblätter
- 50 g Kürbiskerne

Karotten und Apfel fein raspeln.

Mit den restlichen Zutaten ein Dressing mischen und unter den Salat ziehen. ½ Stunde durchziehen lassen.

Sauerampfer in Streifen schneiden und untermischen.

Kürbiskerne ohne Fett leicht anrösten und über den Salat streuen.

Karotten-Sauerampfer-Salat

Wundheiler und Orakelpflanze

Spitzwegerich

Plantago lanceolota
Wegerichgewächse

Fund- und Sammelorte: häufig, Wegrand, Wiese

Verwendete Pflanzenteile: ganz junge Blätter, knospig verschlossene Blüten

Geschmack: pilzähnlich

Verwechslung: andere Wegericharten (alle essbar)

In früheren Zeiten war der Breitwegerich eine wesentlich bedeutendere Heilpflanze als der Spitzwegerich. Er galt als vorzügliches Mittel bei blutenden Verletzungen und bei Bissen giftiger Tiere. Da die unverwüstliche Pflanze Fußtritten, Tierhufen und Wagenrädern trotzten konnte, traute man ihr zu, allen Giften und Krankheiten zu widerstehen. Auch der altgermanische Name Wegerich, der nichts anderes als »Herrscher der Wege« bedeutet, nimmt Bezug auf den Lebensraum des Breitwegerichs. Wegerichwurzeln wurden früher als Amulett gegen Fieber getragen. Das Amulett sollte das Fieber aufnehmen und wurde dann zusammen mit der Krankheit in ein Fließgewässer geworfen.

Sehr beliebt waren im Mittelalter Liebesorakel mit dem breiten Blatt: Dazu riss man es quer durch und betrachtete, wie viele Leitbündel als Fäden herausragten. An der Zahl der Fäden analysierten die jungen Frauen beispielsweise, wie viele Kinder sie bekommen würden oder wie oft ihr Schatz eine andere geküsst hatte. Zum Glück war das Ergebnis nach oben hin begrenzt, denn mehr als sieben Blattnerven hat der Breitwegerich nicht.

Wiesenpflanze mit Pilzgeschmack

Spitzwegerich und seine Verwandtschaft verbergen in ihren Blättern und Blüten eine kleine Überraschung: ein verblüffend pilzähnliches Aroma. Am stärksten vertreten ist es in den noch knospig verschlossenen Blüten. Wenn man sie roh knabbert, erinnern sie an frische Champignons. Achten Sie bei der Ernte darauf, dass die Blütenähren des Spitzwegerichs eine dunkle Farbe haben, dann sind sie noch ganz jung und schmecken besonders fein. In Butter gedünstet sind sie eine Delikatesse. Die langen Fruchtstände des Breitwegerichs können Sie genauso verwenden.

Wegerichblätter geben ihre Pilzaromen allerdings erst frei, wenn sie einige Zeit gedünstet werden. Sie können sich also aus den Blättern eine Pilzcremesuppe ohne Pilze zaubern oder Sie nutzen sie als spinatähnliches Gemüse. Zarte junge Blätter eignen sich auch für den Rohgenuss als Beimischung in Salaten. Ernten Sie sie für diesen Zweck vor der Blüte von März bis Mai und nehmen Sie möglichst nur die

Typisch Breitwegerich: breite, flach am Boden liegende Blätter.

Die dunklen Blütenknospen des Spitzwegerichs haben ein Pilzaroma.

ganz jungen Blätter aus der Rosettenmitte. Ältere Blätter werden rasch zäh, vor allem beim Breitwegerich. Außerdem nimmt der bittere Geschmack, der bei jungen Blättern das Pilzaroma noch angenehm abrundet, während der Blüte unangenehme Nuancen an. Wenn die Wiesen regelmäßig gemäht werden, treibt der Wegerich erneut aus und Sie können erneut sammeln. Die Sommerblätter sind allerdings etwas bitterer als die Frühlingsblätter. Auch die ausgereiften Samen sind verwendbar.

MEIN TIPP: Streuen Sie den Samen über Müsli, Suppen und Salate. Er ist sehr schleimstoffhaltig und hat wie Leinsamen eine mild abführende Wirkung.

Gesundheits-Check

Alle Wegericharten haben einen hohen Mineralstoffgehalt und liefern reichlich Vitamin C. Besonders vertreten ist die Kieselsäure, die Haut, Haare, Knochen und Bindegewebe stärkt.

Bei den Sekundären Pflanzenstoffen treten vor allem die bitter schmeckenden Iridoide ins Rampenlicht, die eine antibiotische und entzündungshemmende Wirkung haben. Die zahlreichen Wirkstoffe machen den Spitzwegerich zu einer wunderbaren Heilpflanze bei Erkältungskrankheiten, bei Husten sowie bei Entzündungen im Mund- und Rachenraum. Beliebt bei Kindern ist der süße Spitzwegerich-Hustensirup. Für Heilzwecke erntet man ältere Blätter während der Blüte, denn zu dieser Zeit sind die Wirkstoffe am stärksten vertreten.

Sicherheits-Check – Verwechslungen ausschließen

Der Spitzwegerich ist gut erkennbar an den schmalen langen Blättern, die wie spitze Lanzen aus dem Boden schießen. Sie stehen in einer Rosette zusammen. Die Blätter haben meist fünf Blattnerven (Blattadern). Diese verlaufen parallel und sind vor allem auf der Blattunterseite deutlich sichtbar.

»STEHEN AUF DER WIESE PFLANZEN MIT BLÄTTERN WIE LANZEN UND MIT PARALLELEN NERVEN, DANN GLEICH IN DEN KOCHTOPF WERFEN!«

Die Spitzwegerichblüte ist unverkennbar durch ihre kolbenartige Blütenähre mit den weit herausragenden Staubfäden und den weißlichen Staubbeuteln.

Verwechslungsmöglichkeiten gibt es nur mit ebenfalls essbaren Wegericharten:

- Mittlerer Wegerich *(Plantago media)*: Er hat mehr eiförmige und außerdem deutlich behaarte Blätter. Die Blattrosette breitet sich flach am Boden aus. Seine Blüte unterscheidet sich vom Spitzwegerich durch die lilafarbenen Staubbeutel.
- Breitwegerich *(Plantago major)*: Er hat große eiförmige Blätter und eine schmale lange grünliche Blütenähre. Er begegnet uns auf Feldwegen und verdichteten Flächen.

Unterwegs genießen

Die wundheilende Wirkung macht den Wegerich zum Erste-Hilfe-Kraut für unterwegs: Haben Sie sich beim Spaziergang eine kleine Hautverletzung oder einen Insektenstich zugezogen? Dann zerreiben Sie einige Spitzwegerichblätter so lange zwischen den Handflächen, bis Saft austritt. Diesen tupfen Sie auf die betroffene Hautstelle.

Spitzwegerich-Rezepte

Spitzwegerich und Breitwegerich können in alle Basisrezepte (Seite 16) eingearbeitet werden. Beachten sollten Sie allerdings, dass ältere Blätter wesentlich bitterer sind und deshalb einer Beimischung von milderen Wildkräutern, wie Giersch, bedürfen. Schneiden Sie ältere Blätter für die Verwendung zu Gemüse quer zu den Blattnerven in dünne Streifen.

Wegerich-Soufflé (vegetarisch)

Für 4 Personen (Vorspeise), 50 Min.

- 40 g Butter
- 40 g Mehl
- 125 ml Milch
- 1 kleine Zwiebel
- 50 g junge Spitzwegerichknospen
- 25 g junge Spitzwegerichblätter
- gekörnte Brühe
- Pfeffer
- 3 Eigelb
- 50 g Champignons
- 80 g Bergkäse oder Parmesan
- 3 Eiweiß

20 g Butter schmelzen, Mehl darüberstäuben, andünsten. Nach und nach unter Rühren die heiße Milch zugießen und dick einkochen.

Fein gewürfelte Zwiebel, Spitzwegerichknospen, in Streifen geschnittene Blätter und klein geschnittene Pilze in 20 g Butter anbraten.

Wenn alle Flüssigkeit verdampft ist, mit gekörnter Brühe und Pfeffer würzen. Die abgekühlte Béchamelsauce und den Käse darunterrühren.

Das steif geschlagene Eiweiß darunterheben und in Auflaufförmchen füllen. Bei 160 °C ca. 30 Min. backen.

Spitzwegerich-Linsen-Suppe (vegan)

Für 4 Personen, 15–20 Min.

- 2 Zehen Knoblauch
- 1 daumengroßes Stück Ingwer
- 1 Möhre
- 2 EL Olivenöl
- 150 g rote Linsen
- 150 g Spitzwegerichblätter
- 50 g Spitzwegerichknospen
- 200 ml Kokosmilch
- 500 ml passierte Tomaten
- 400 ml Gemüsebrühe
- Salz
- Pfeffer
- Sojasoße
- 50 g Sonnenblumen (ohne Fett geröstet)

Sehr fein geschnittenen Knoblauch und Ingwer sowie gewürfelte Möhre in einen Topf geben und in Öl 2 Min. anbraten.

Linsen und Spitzwegerich dazugeben und mit Kokosmilch, Tomatensoße und Gemüsebrühe ablöschen. Etwa 10 Min. kochen lassen.

Mit Gewürzen abschmecken. Die Suppe pürieren und mit Sonnenblumenkernen garnieren.

Wegerich-Soufflé

FLORIST
SOPHIE'S
FLOWERS, PLANTS & SEEDS

Ein Fröhlichmacher als Gemüse

Taubnessel

Lamium album
Lippenblütengewächse

Fund- und Sammelorte: häufig in Gärten, an Weg- und Waldrändern sowie bei Gräben, Hecken und Zäunen, nährstoffreiche Böden

Verwendete Pflanzenteile: junge Blätter und Triebspitzen, Blüten

Geschmack: Blätter mild, etwas pilzartig, Blüten süß

Verwechslung: andere Taubnesselarten (alle essbar)

Die berühmte Äbtissin Hildegard von Bingen lobte im 12. Jahrhundert die Taubnessel, weil sie den Menschen zum Lachen bringe und das Herz fröhlich mache. Der englische Kräuterkundige John Gerard glaubte, dass sie außerdem dem Gesicht eine frische Farbe gebe und die Lebensgeister wecke. Das sind doch überzeugende Argumente, um das »Unkraut« sofort auf den Speisezettel zu setzen!

Eine Hummelpflanze im Kochtopf

Bis auf die Goldnessel sind alle Taubnesselarten wunderbar küchentauglich. Von der Goldnessel würde ich lediglich die Blüten als essbare Deko einsetzen. Von den anderen Taubnesseln sammelt man die jungen Blätter und Triebspitzen am besten vor der Blüte, also im März und April. So eignen sie sich gut für Salate, Smoothies, Suppen, spinatähnliches Gemüse und Aufläufe. Die Blätter riechen beim Zerreiben zwar etwas muffig, aber beim Dünsten wandelt sich das Aroma in einen angenehm milden, etwas pilzartigen Geschmack. Mit Beginn der Blüte werden die Blätter wesentlich herber im Geschmack, weshalb Sie sich beim Sammeln lieber den süßen Blüten zuwenden sollten. Die oberen Triebsprosse können jedoch fast ganzjährig geerntet werden.

Das Auszupfen der Blüten ist recht aufwendig, aber die Arbeit wird belohnt. Mischen Sie die Blüten verschiedener Taubnesseln, um mit der bunten Pracht Salate und Desserts zu verzaubern. Sie schmecken auch wunderbar mild als Tee oder man nimmt sie als Grundlage für Sirup und Likör.

MEIN TIPP: Eine besondere Delikatesse sind Taubnesseln im Teigmantel: Sammeln Sie die blühenden Triebspitzen (6 bis 8 cm) und tauchen Sie sie in Pfannkuchenteig. Nun nur noch in Öl ausbacken und genießen! Auch die unterirdisch verzweigten Wurzeln können als Gemüse gedünstet werden.

Gesundheits-Check

Die Taubnesseln haben ein gutes Nährstoffprofil, vor allem Provitamin A und Proteine sind zahlreich vertreten. Sie enthalten

Auch die Rote Taubnessel eignet sich für Küche und Heilkunde.

Die weißen nektarreichen Lippenblüten werden gerne von Hummeln besucht.

beispielsweise 8-mal so viel Vitamin A wie Rosenkohl.

Die Sekundären Pflanzenstoffe der Taubnessel wurden erst in den letzten Jahren erforscht, wobei man auf zahlreiche Iridoide aufmerksam wurde. Diese wirken antioxidativ, antimikrobiell und entzündungshemmend.

In der Heilkunde macht man sich Blüten und Blätter vor allem bei Erkrankungen der Atemwege zunutze. Die vorhandenen Saponine und Schleimstoffe lösen den Husten und schützen entzündete Schleimhäute. Früher war die Weiße Taubnessel eine wichtige Heilpflanze in der Frauenmedizin. Man nahm sie bei Wechseljahresbeschwerden und schmerzhafter Menstruation. Die meisten Heilstoffe enthält das Kraut während der Blüte.

Sicherheits-Check – Verwechslungen ausschließen

Typisch Taubnessel: große Lippenblüten mit helmförmiger Oberlippe, vierkantiger Stängel, brennnesselartige Blätter, die zerrieben streng aromatisch duften.

Bevor die Taubnesseln blühen, können sie mit der Brennnessel (Seite 36) und untereinander verwechselt werden. Die verschiedenen Taubnesselarten sind allesamt nutzbar und lassen sich anhand der Blüte unterscheiden:

- Die Weiße Taubnessel *(L. album)* hat als einzige weiße Lippenblüten. Sie schmeckt am mildesten von allen Taubnesseln.
- Die Gefleckte Taubnessel *(L. maculatum)* hat purpurfarbene Blüten, wobei die Unterlippe weiß-rot gefleckt ist. Auch die grünen Blätter sehen aus, als ob sie etwas heller gefleckt wären.
- Die Rote Taubnessel *(L. purpureum)* hat purpurne Blüten. Die Blüten sind nur halb so groß wie jene der Gefleckten Taubnessel. Die Unterlippe ist nur ganz schwach gemustert. Stängel und Blätter der Pflanze sind oft violett überlaufen, vor allem im Frühling. Man findet sie häufig in Gärten und auf Feldern.
- Die Goldenen Taubnessel oder Goldnessel *(L. galeobdolon)* hat gelbe Blüten und liebt schattige Plätze. Sie finden sie in Laubwäldern. Im Vergleich zu ihrer Verwandtschaft ist sie geschmacklich die schlechteste Wahl.
- Verschiedene Ziest-Arten *(Stachys spec.)* haben ebenfalls ähnliche Blätter und Blüten. Ihre Stängel sind abstehend behaart. Sie sind ebenfalls essbar.

Unterwegs genießen

Als Kind habe ich gerne den Nektar aus den langen Blütenröhren der Taubnesselblüten gesaugt. Von dieser Süße kann man aber nur profitieren, wenn man schneller ist als die Hummeln, für die der Nektar eigentlich gedacht ist. Deshalb ist es sinnvoll, die Blüten schon sehr früh morgens zu zupfen, möglichst an einem sonnigen Tag.

Taubnessel-Rezepte

Die Blätter der Taubnesseln können Sie in der Küche ähnlich vielseitig einsetzen wie Brennnesselblätter (Seite 39). Am mildesten schmeckt die Weiße Taubnessel, während die rot blühenden Arten etwas herber im Geschmack sind.

Taubnessel-Kartoffel-Auflauf

Für 4 Personen, 55 Min.

- 600 g fest kochende Kartoffeln
- 1 Zwiebel
- 2 EL Öl
- 400 g junge Taubnesselblätter
- 1 TL gekörnte Brühe
- 3 große Tomaten
- 200 g Schafskäse
- 100 ml Sauerrahm
- 50 ml Milch
- 2 Eigelb
- Salz, Pfeffer
- 3 EL gehackte Petersilie
- 50 g Reibkäse

Am Vortag gekochte Kartoffeln schälen und in Scheiben schneiden. Zwiebel in Würfel schneiden und in Öl anbraten. Taubnesseln in Streifen schneiden, dazugeben und einige Minuten dünsten. Mit gekörnter Brühe würzen.

Tomaten häuten und würfeln. Schafskäse in kleine Würfel schneiden. Alle Zutaten vermischen und in eine gefettete Auflaufform geben. Sauerrahm, Milch und Eigelb schaumig schlagen.

Mit Pfeffer, Salz und Petersilie würzen und über den Auflauf gießen. Reibkäse darüberstreuen und bei 200 °C ca. 30 Min. backen.

Taubnessel-Salat (vegan)

Für 4 Personen, 15 Min.

- 1 Eisbergsalat
- 150 g junge Taubnesseltriebe
- 3 EL Olivenöl
- 1 EL Kürbiskern- oder Walnussöl
- 3 EL weißer Balsamico-Essig
- 1 EL Mangosaft oder Himbeersaft
- 1 TL Sojasoße
- Salz
- Pfeffer
- 2–3 EL Kürbiskerne oder Sonnenblumenkerne
- 1 Handvoll Taubnesselblüten

Eisbergsalat und Taubnesseln in Streifen schneiden. Zutaten zu einem Dressing rühren und den Salat darin marinieren.

Kürbiskerne oder Sonnenblumenkerne grob hacken und in einer Pfanne ohne Fett einige Minuten anrösten.

Zusammen mit den Blüten über den Salat geben und servieren.

Taubnessel-Salat

Der Name ist Programm

Vogelmiere

Stellaria media
Nelkengewächse

Fund- und Sammelorte: in Gärten, Weinbergen, auf Äckern, an Wegrändern, stickstoffliebend

Verwendete Pflanzenteile: Stängel, Blätter und Blüten

Geschmack: mild-nussig, Geschmack junger Maiskölbchen

Verwechslung: Ackergauchheil (giftig), Mieren und Hornkräuter (essbar)

Die Vogelmiere wird manchmal auch Hühnerdarm genannt. Das hat einen triftigen Grund, denn Vögel und Hühner lieben diese Pflanze. Schon im 16. Jahrhundert fütterten die reichen Bürger ihre Kanarienvögel damit und die Bauern glaubten, ihre Hühner würden dadurch mehr Eier legen. Aber das Vogelkraut wurde damals auch von Menschen gegessen: In Fleischbrühe gekocht galt es als »gesunde Speis« bei auszehrenden Krankheiten. In der mittelalterlichen Medizin stand allerdings die äußerliche Anwendung im Vordergrund – das Kraut wurde auf entzündete Wunden, Geschwüre und Verletzungen gelegt.

Nicht nur für Vögel ein Genuss

Die Vogelmiere hat ein mild-nussiges Aroma. Wenn man genau hinspürt, dann entdeckt man den Geschmack junger Maiskölbchen. Roh und frisch schmeckt sie am besten, deshalb gehört Vogelmiere unbedingt in einen Wildkräutersalat oder sie wird als Pesto verarbeitet. Ihre gesundheitliche Wirkung kommt in Smoothies besonders zur Geltung. Sie füllen damit das Mineralstoffdepot Ihres Körpers auf und spüren recht schnell die kraftspendende Vitalität des kleinen Krauts.

Vogelmiere schmeckt aber auch gedünstet ganz vorzüglich, vor allem als Suppe, unter Aufläufe gemischt oder als spinatartiges Wildgemüse. Es genügen schon wenige Minuten der Erhitzung, um das wilde Gemüse zu genießen. Sie können die klein geschnittene Vogelmiere zum Beispiel kurz vor dem Servieren unter Risotto oder Polenta ziehen. Wegen des milden Geschmacks eignet sie sich auch sehr gut zum ausgleichenden Mischen mit herb und bitter schmeckenden Wildkräutern.

Das Tolle an der Vogelmiere ist die nahezu ganzjährige Verfügbarkeit. Selbst im Winter kann man sie finden. Da ständig neue Pflanzen austreiben, finden Sie immer irgendwo knackig-zarte Stängel, Blätter und Blüten. Sie können davon alles verwenden. Bei älteren Pflanzen werden die Stängel jedoch zäh, sodass hier nur die Triebspitzen abgeschnitten werden.

Auf gutem Boden vermehrt sich die Vogelmiere teppichartig.

Am Stängel befindet sich eine Haarleiste aus weißen Härchen.

Gesundheits-Check

Die Vogelmiere zeichnet sich durch einen außergewöhnlich hohen Eisengehalt aus. Außerdem enthält sie viel Kalium, ein wichtiges Mineral für unsere Nerven- und Muskelzellen. Im Vergleich zu Chinakohl enthält das Gartenunkraut 14-mal so viel Eisen, fast 4-mal so viel Kalium und 3-mal so viel herzschützendes Magnesium. Auch die für Haut und Haar so wertvolle Kieselsäure ist neben anderen Spurenelementen reichhaltig vertreten.

Die Sekundären Pflanzenstoffe der Vogelmiere wirken antioxidativ und haben außerdem nachweislich einen positiven Einfluss auf den Cholesterinspiegel und den Blutdruck.

In der Heilkunde stehen die schleimlösenden, stoffwechselanregenden und entzündungshemmenden Wirkungen im Vordergrund. Vogelmiere ist deshalb sehr hilfreich bei Husten mit festsitzendem Schleim.

In der Volksmedizin ist sie schon seit alters her eine wichtige Pflanze bei Hauterkrankungen. Dabei wird sie sowohl innerlich zum Entgiften als auch äußerlich zum Beruhigen der Haut eingesetzt.

Sicherheits-Check – Verwechslungen ausschließen

Sie erkennen die Vogelmiere am dichten Wirrwarr der dünnen Pflanzenstängel, die

den Boden durch ihren niederliegenden Wuchs teppichartig überziehen.
Wenn Sie einen Stängel vorsichtig auseinanderreißen, dann zeigt sich ein fadenähnlicher Leitbündel.
Schauen Sie den Stängel mit einer Lupe genau an – dann entdecken Sie die typische Haarleiste aus weißen Härchen, die den Stängel hinabläuft:

»DIE VOGELMIERE TRÄGT DIE FRISUR AM STÄNGEL, EIN PUNKER IST DER BENGEL!«

Die winzig kleinen sternförmigen Blüten haben fünf weiße Blütenblätter. Allerdings sind sie so tief eingeschnitten, dass der Eindruck entsteht, es seien 10!
Verwechslungen sind möglich mit anderen Mieren *(Stellaria spec.)* und Hornkräutern *(Cerastium spec.)*, allerdings besitzen diese nicht die typische Haarleiste. Sie sind ebenfalls essbar, wenn auch weniger gut schmeckend.

Vor der Blüte kann sie mit dem kaum giftigen Ackergauchheil *(Anagallis arvensis)* verwechselt werden, der ähnliche Plätze besiedelt. Er hat einen vierkantigen Stängel und meist rote, oder selten blaue Blüten.

Unterwegs genießen

Falls Sie die Vogelmiere im Garten haben oder bei einem Spaziergang entdecken und ihr bisher keine Beachtung geschenkt haben, dann sollten Sie gleich tätig werden: Zupfen Sie ein paar zarte Blätter und Stängel für einen Geschmackstest. Sie sind erfrischend saftig.

Vogelmiere-Rezepte

Sie können mit der Vogelmiere anhand des Basisrezepts (Seite 19) eine hervorragende Suppe herstellen. Falls Sie die Suppe nicht pürieren, dann schneiden Sie die Vogelmiere möglichst in kleine Stücke. So gehen Sie sicher, dass die Fäden in den älteren Stängeln nicht beim Essen stören. Das gilt auch, wenn sie daraus ein Spinatgemüse herstellen. Essen Sie das leckere Kraut nicht in Übermengen: Die Vogelmiere kann aufgrund ihres Saponingehalts bei empfindlichen Menschen den Magen reizen.

Power-Smoothie (vegan)

Für 4 Personen, 3 Min.

- 2 Handvoll Vogelmieren
- 2 Handvoll Brennnesseln oder Giersch
- 2 Äpfel
- 2 Bananen
- 2 Kiwi
- Saft einer Zitrone
- nach Bedarf ein Schuss Wasser oder Reis- und Hafermilch

Alle Zutaten in einen Mixer geben und so lange pürieren, bis ein cremiger Saft entstanden ist.

Je nachdem wie »smooth« er sein soll, variieren Sie mit der Zugabe von Wasser bzw. Hafermilch.

TIPP Der Powertrunk deckt locker den Tagesbedarf an Vitaminen und Mineralien.

Grüne Vogelmieren-brötchen (vegetarisch)

Für 12 Brötchen, 85 Min.

- 1 Würfel Frischhefe
- 1 TL Zucker oder Honig
- 50 ml lauwarmes Wasser
- 500 g Dinkelmehl (Type 1050)
- 1 TL Salz
- 2 Handvoll Vogelmieren
- 1 Handvoll Brennnesseln oder Giersch
- 250 ml Buttermilch

Hefe zusammen mit Zucker und Wasser verrühren und 15 Min. gehen lassen. Inzwischen die Wildkräuter waschen und im Mixer mit der Buttermilch pürieren. Nun aus allen Zutaten mit dem Mehl einen geschmeidigen Teig kneten.

Je nach Wassergehalt der Wildkräuter eventuell etwas mehr Mehl oder Wasser zugeben. Den Teig an einem warmen Ort 45 Min. gehen lassen.

Daraus etwa 12 Brötchen formen und auf ein Backblech mit Backpapier legen. In den Ofen schieben und diesen erst nach 15 Min. Gehzeit einschalten.

Bei 200 °C ca. 20 Min. backen.

Power-Smoothie

Vergessenes Küchengewürz
Wiesenknopf

Sanguisorba minor
Rosengewächse

Fund- und Sammelorte: magere und trockene Wiesen, Wegränder und Böschungen

Verwendete Pflanzenteile: junge Blätter, knospige Blütenstände

Geschmack: gurkenähnlich, etwas nussig

Verwechslung: Großer Wiesenknopf, Kleine Bibernelle (beide essbar)

Der Kleine Wiesenknopf, manchmal auch Pimpinelle genannt, gehört zu jenen Wildkräutern, die von unseren Vorfahren wegen ihres interessanten Geschmacks in den Garten geholt und angebaut wurden. In mittelalterlichen Kräuterbüchern wird er noch überschwänglich als unentbehrliches Küchengewürz gelobt, das die Köche täglich gebrauchen würden. Inzwischen ist er leider etwas in Vergessenheit geraten. Die ersten englischen Siedler, die die lange Reise nach Nordamerika antraten, hatten in ihrem Reisegepäck Samen des Kleinen Wiesenknopfs. Nicht nur weil er unbedingt in den Garten gehörte, sondern weil man ihm zutraute, das er das Herz fröhlich macht – also eine Medizin gegen das Heimweh!

Der lateinische Name »Sanguisorba« gibt uns einen Hinweis auf die Nutzung in der damaligen Medizin, denn es heißt übersetzt so viel wie »Blut aufsaugen«. Man nutzte die Pflanze aufgrund der enthaltenen Gerbstoffe zum Blutstillen.

Ein Gewürz mit einem Hauch von Gurke

Die jungen Blätter der Rosette sind fein gehackt ein vorzügliches Gewürz für Salate, Dips, Kräuterquark, Kräuterbutter, Pesto, Eierspeisen, Smoothies, Suppen und grüne Soßen. Die feinen Blätter mit dem gurkenähnlichen und auch etwas nussigen Aroma dürfen auf keinen Fall in der »Frankfurter Soße« fehlen. Früher hat man die Blätter verwendet, um Essig zu aromatisieren. Zusammen mit Zitronenscheiben wurden sie zwei Wochen lang in Essig eingelegt.
Das beste Aroma haben die zarten Frühlingsblätter, die Sie von April bis Ende Mai ernten können. Nehmen Sie vor allem die Blätter in der Rosettenmitte. Ältere Blätter dagegen schmecken sehr herb, etwas bitter und zusammenziehend. Das frische Aroma ist sehr empfindlich gegen Hitze, weshalb Sie das Gewürz möglichst roh verwenden sollten. An erhitzte Speisen wird der Wiesenknopf deshalb erst ganz zum Schluss zugegeben. Eine Ausnahme sind die knospigen Blütenstände: Sie können als Gemüse gedünstet werden, solange sie noch grünlich erscheinen. Aber sie eignen sich auch roh als Zugabe zu Salaten.

Die rot-grünen Blütenköpfchen sind ein typisches Erkennungsmerkmal des Kleinen Wiesenknopfs.

Der Kleine Wiesenknopf wird gerne im Küchengarten gepflanzt.

Gesundheits-Check

Der Kleine Wiesenknopf besticht bezüglich der Nährstoffe vor allem durch seinen hohen Gehalt an Provitamin A. Ansonsten liegt er im Mittelfeld der essbaren Wildgemüse. Die Sekundären Pflanzenstoffe des Wiesenknopfs, insbesondere Phenolsäuren und Flavonoide, zeigen antioxidative, antikanzerogene und antivirale Effekte. Der englische Arzt Culpeper sagte schon im 17. Jahrhundert, dass sein »ständiger Gebrauch den Körper bei bester Gesundheit hält«.

In der Volksheilkunde nutzte man Kraut und Wurzel der gerbstoffreichen Pflanze zum Stillen von Blutungen, bei Durchfall und zum Gurgeln bei Entzündungen in Mund und Rachen. Äußerlich wurden die Blätter auf Wunden gelegt. Der nah verwandte Große Wiesenknopf war in der Heilkunde noch bekannter als sein kleiner Bruder. Darauf weist auch sein Artname »officinalis« hin, der nur an Pflanzen vergeben wurde, die in Apotheken gehandelt wurden.

Sicherheits-Check – Verwechslungen ausschließen

Wenn der kleine Wiesenknopf blüht ist er nicht mehr zu verwechseln. Die rundlichen Blütenköpfchen erscheinen zunächst grünlich, später sind sie rötlich überlaufen. Der Große Wiesenknopf hat dagegen ovale rotbraune Blütenköpfe, die sich aus etwa 40 Einzelblüten zusammensetzen.

> »DEN FEINEN KLEINEN WIESENKNOPF ERKENNT MAN AM RUNDEN BLÜTENKOPF!«

Die Blätter des Kleinen Wiesenknopfs sitzen in einer bodennahen Rosette. Sie sind aus vielen Teilblättchen zusammengesetzt (gefiedert): Je nach Blattgröße sind es 4 bis 10 Blattpaare und oben ein abschließendes Endblatt. Die Teilblättchen sind rundlich und deutlich gezähnt. Sie haben oberseits ein dunkleres und unterseits ein helleres Grün.

Im Frühling vor der Blüte sind Verwechslungen möglich, allerdings nur mit ungiftigen Pflanzen:

- Großer Wiesenknopf *(Sanguisorba officinalis)*: Er bevorzugt im Gegensatz zu seinem kleinen Bruder feuchte und eher nährstoffreiche Wiesen. Die Teilblättchen sind bei ihm nicht rundlich, sondern länglich. Seine Blätter schmecken herber und sind von der Konsistenz zäher. Er ist jedoch auch essbar.
- Kleine Bibernelle *(Pimpinella saxifraga)*: Die Bibernelle besiedelt ähnliche Standorte und hat ebenfalls rundliche Teilblättchen. Sie gehört jedoch zu den Doldenblütlern und präsentiert uns im Sommer ihre weiße Blütendolde. Genauso verwendbar wie der Kleine Wiesenknopf.

Unterwegs genießen

Beim Picknick in der Wiese finden Sie möglicherweise den Kleinen Wiesenknopf. Sie können die fein geschnittenen Blätter mit dem »gurkigen Aroma« einfach nur aufs Butterbrot streuen. Meist findet sich auch der Sauerampfer in unmittelbarer Nähe, sodass die Geschmacksnerven reichlich wilde Aromen erkunden können.

Wiesenknopf-Rezepte

Die Wiesenknopfblätter können Sie aufgrund des mild-würzigen Geschmacks in allen Basisrezepten (Seite 16) einsetzen. Wiesenknopf entfaltet sich allerdings am besten als Gewürz, ähnlich eingesetzt wie Petersilie oder Schnittlauch. Wenn er in Rezepten verarbeitet wird, wo größere Gewichtsmengen Wildkräuter erforderlich sind, sollte er mit anderen Wildkräutern gemischt werden.

Wilde Grüne Soße nach Frankfurter Art (vegetarisch)

Für 4 Personen, 10 Min.

- 225 g Wildkräuter (Wiesenknopf, Sauerampfer, Giersch, Schaumkraut)
- 4 hart gekochte Eier
- 250 g Schmand oder Crème fraîche
- 250 g Sauerrahm
- 3 TL Dijon-Senf
- 3 EL Zitronensaft
- Kräutersalz
- Pfeffer

Die Hälfte der Kräuter zusammen mit dem Eigelb und den restlichen Zutaten pürieren. Die andere Hälfte der Kräuter fein hacken, das Eiweiß fein würfeln und unter die grüne Creme heben.

TIPP Passt super zu frisch gebackenem Brot oder zu Pellkartoffeln. Sie können die Soße etwas »leichter« gestalten, indem Sie den Sauerrahm durch Joghurt ersetzen.

Wiesenknopfessig (vegan)

2 Wochen Einlegezeit + 5–10 Min.

- Schale von 1 Bio-Zitrone
- 50 g junge Wiesenknopfblätter (falls vorhanden, auch Knospen)
- 500 ml Weißweinessig

Zitronenschale so abschälen, dass keine weiße Haut an der Schale bleibt. Wiesenknopfblätter grob zerschneiden. Alle Zutaten in den Essig geben und 2 Wochen verschlossen stehen lassen.

Absieben und in eine hübsche Flasche füllen.

TIPP Achten Sie darauf, dass die Kräuter mit Essig bedeckt sind, damit sich kein Schimmel bilden kann.

Wilde Grüne Soße nach Frankfurter Art

Bringt Milch zum Gerinnen

Wiesen-Labkraut

Galium mollugo
Rötegewächse

Fund- und Sammelorte: häufig, auf Fettwiesen, an grasigen Weg- und Waldrändern

Verwendete Pflanzenteile: junge Triebe, saftige Triebspitzen, Blütenstände

Geschmack: Triebspitzen: mild salatartig, erinnern an milchige Maiskölbchen, Blütenstände honigduftend

Verwechslung: andere Labkrautarten (alle essbar)

In längst vergangenen Zeiten nutzte man die Labkräuter, um Milch zum Gerinnen zu bringen. Normalerweise wird dafür schon seit Jahrtausenden das aus dem Labmagen von Kälbern gewonnene Labferment verwendet. Doch anscheinend spielte früher bei der Käseherstellung das pflanzliche Lab auch eine gewisse Rolle. Die labfermentartige Wirkung ist allerdings sehr bescheiden, weshalb sich dieses Verfahren letztlich nicht etablieren konnte. Eine weitere traditionelle Anwendung ist das Färben von Wolle, denn die Wurzeln färben mit entsprechender Beize rot. Dieser Eigenschaft verdanken die Labkräuter ihren deutschen Familiennamen Rötegewächse.

Mild im Geschmack

Wiesen- und Kletten-Labkraut sind als Wildgemüse vor allem vor der Blüte interessant. Von März bis Mai können die jungen Triebe gesammelt werden. Falls der Standort gemäht wird, treiben sie erneut aus und versorgen uns ein zweites Mal mit frischen zarten Trieben. Die jungen Blätter und saftigen Triebspitzen des Wiesen-Labkrauts eignen sich sehr gut für Rohkost in Form von Salaten, Pesto oder Smoothies. Sie schmecken mild salatartig und erinnern ein wenig an milchige Maiskölbchen. Man kann sie aber auch als Gemüse dünsten oder Suppen beifügen.

Das Kletten-Labkraut ist ebenfalls sehr mild, vor allem wenn es noch ganz jung ist. Es hat einen erbsenähnlichen Geschmack. Ältere Blätter sind aufgrund der hakigen Härchen für den Rohgenuss nicht mehr geeignet, es sei denn, sie werden für Pesto oder Smoothie stark zerkleinert. Auch Dünsten deaktiviert die störenden Klettenhaare, sodass Sie die Blätter problemlos in Suppen, Aufläufen oder als Spinat verarbeiten können.

Im Sommer können Sie die weißen honigduftenden Blütenstände des Wiesen-Labkrauts verwenden, um damit Getränke zu aromatisieren. Etwas intensiver duften allerdings das gelb blühende Echte Labkraut und vor allem der Waldmeister.

MEIN TIPP: Legen Sie einen kleinen Handstrauß blühender Labkräuter einige Stunden in Apfelsaft. Danach absieben und mit kohlensäurehaltigem Mineralwasser aufgießen. Ein sommerlicher Durststiller!

Die zarten Triebspitzen sind im Frühling besonders mild.

Der Blütenstand setzt sich aus zahlreichen kleinen Blüten zusammen.

Beim Kletten-Labkraut sind dagegen nicht die Blüten, sondern die kugeligen Früchte interessant: Sie werden getrocknet, dann im Backofen leicht geröstet und schließlich als Kaffeeersatz aufgebrüht. Die Früchte reifen ab September.

Gesundheits-Check

Wiesenlabkraut und Kletten-Labkraut gehören zu den noch wenig untersuchten Wildkräutern. Es ist lediglich bekannt, dass Proteine, Vitamin C sowie Vorstufen von Vitamin A reichlich vorhanden sind.

Über die Sekundären Pflanzenstoffe der Labkräuter weiß man mehr: Sie wirken zellschützend, entgiftend und regen den Lymphfluss an. Besonders zahlreich sind die entzündungshemmenden Iridoide vertreten. Nutzen Sie die Labkräuter im Frühjahr, um den Stoffwechsel anzukurbeln und den Körper zu entgiften. In Smoothies kommt das milde Kraut gut zur Geltung.

In der mittelalterlichen Medizin spielte das Labkraut eine wichtige Rolle bei Hauterkrankungen sowie bei Gallen- und Nierensteinen. Diese Einsatzgebiete machen aus heutiger Sicht durchaus Sinn, denn die Pflanzeninhaltsstoffe haben harntreibende und stoffwechselanregende Effekte. Außerdem haben Labkräuter eine mild abführende Wirkung.

In den Blättern ist das antibakteriell wirksame Arbutin enthalten, weshalb ein Labkraut-Tee auch bei Harnwegsinfektionen hilfreich sein kann.

Sicherheits-Check – Verwechslungen ausschließen

Typisch Labkraut: Die schmalen Blätter stehen etagenweise in Qirlen (kranzförmig) am Stängel. In der Regel besteht ein Quirl aus sechs bis neun Blättern.
Verwechslungen sind nur mit anderen Labkrautarten möglich, die alle als Wildgemüse nutzbar sind:

- Kletten-Labkraut *(G. aparine)*: Es ist unverkennbar, da die ganze Pflanze aufgrund der kleinen Widerhaken klettenartig haftet oder klebt. Es bevorzugt nährstoffreiche Böden in Gärten, auf Äckern sowie an Weg-, Gebüsch- und Waldrändern.
- Wiesen-Labkraut *(G. molluga)*: Eine charakteristische Fettwiesenpflanze mit luftigen Blütenständen. Die kleinen weißen Blüten duften süßlich.
- Echtes Labkraut *(G. verum)*: Das gelb blühende Labkraut steht nur auf mageren Böden. Es hat dünne nadelartige Blätter und eignet sich wegen des honigartigen Duftes der Blüten zum Aromatisieren von Getränken.
- Waldmeister *(G. odoratum)*: Er wächst nur in Laubwäldern. Zerriebene Blätter durften schon nach wenigen Minuten intensiv nach Waldmeister. Sie werden traditionell zum Aromatisieren von Getränken genutzt. Nicht als Gemüse verwenden!
- Wald-Labkraut *(G. sylvaticum)*: Es ähnelt dem Waldmeister, hat aber keinen Blattduft und seine Blätter sind dunkler als die gelbgrünen Waldmeisterblätter.

Unterwegs genießen

Mit den jungen saftigen Trieben des Wiesenlabkrautes peppen Sie Ihre Picknicksalate mit Vitaminen auf. Sollten Sie unterwegs Waldmeister finden, dann genügt es, ihn anzuquetschen und zehn Minuten in die Sonne zu legen, um den fantastischen Waldmeisterduft zu aktivieren: Nun können Sie damit Ihre Getränke wunderbar aromatisieren. Einfach mit Saft übergießen und 15 Minuten ziehen lassen!

Labkraut-Rezepte

Das mild schmeckende Labkraut profitiert davon, wenn es mit etwas würzigeren Wildkräutern wie Brennnessel oder Giersch gemischt wird. Verwenden Sie das Labkraut möglichst frisch. Eine Ausnahme ist der Waldmeister, der seinen Cumarinduft erst optimal entfaltet, wenn er etwas angewelkt wurde. Sie können die Enzymreaktion beschleunigen, indem sie ihn etwas anquetschen.

Labkraut-Gemüse

Für 4 Personen, 15–20 Min.

- 500 g Wiesen- oder Kletten-Labkraut (junge Triebe)
- 250 g Brennnesseltriebe
- 1 Zwiebel
- 2 EL Butter
- 2 Knoblauchzehen
- 50 ml Sauerrahm oder Crème fraîche
- 1 EL Sojasoße
- 2 TL gekörnte Brühe
- Pfeffer
- Muskat
- Sonnenblumenkerne oder Speck

Wildkräuter klein schneiden. Brennnessel wegen der Brennhaare zuvor kurz blanchieren.

Klein geschnittene Zwiebel glasig dünsten. Zerdrückten Knoblauch und Kräuter dazugeben und zugedeckt einige Minuten andünsten.

Wenn das Gemüse gar ist, mit Rahm, Sojasoße und Gewürzen abschmecken. Mit gerösteten Sonnenblumenkernen oder gebratenem Speck garnieren.

TIPP Nutzen Sie das Labkraut-Gemüse als Beilage oder als Füllung für Pfannkuchen.

Labkraut-Apfel-Salat (vegetarisch)

Für 4 Personen, 15–20 Min.

- 100 g junge Labkrauttriebe
- 150 g Endivie
- 2 Äpfel
- 50 g Walnüsse oder Sonnenblumenkerne oder Kürbiskerne
- 2 EL Olivenöl
- 1 EL Kürbiskernöl
- 2 EL Balsamessig
- 1 EL Zitronensaft
- 2 EL Apfelsaft
- 2 EL Sauerrahm
- 1 TL Agavendicksaft
- Salz
- Pfeffer

Endivie und Labkraut in Streifen schneiden. Apfel in dünne Stifte oder Scheiben zerteilen. Grob zerkleinerte Nüsse ohne Fett leicht anrösten. Alles mischen.

Dressing anrühren und unter den Salat mischen.

Labkraut-Apfel-Salat

Schutz vor Blitzen und gut für Wunden

Wiesen-Margerite

Leucanthemum vulgare
Korbblütengewächse

Fund- und Sammelorte: Wiesen, Weiden, Wegränder, eher trockene und nährstoffarme Standorte

Verwendete Pflanzenteile: junge Triebe und Rosettenblätter, geschlossene Knospen, Blüten, Wurzeln

Geschmack: süßlich mit exotischem Aroma

Verwechslung: Kamille, Gänseblümchen, Jakobskreuzkraut (schwach giftig)

Die schöne Margerite hatte früher im Kräuterbrauchtum eine bedeutsame Rolle. Sie gehörte zu den sogenannten Johannisblumen, die an Johanni (24. Juni) gesammelt wurden. Dann wurden sie am Johannisfeuer geweiht und konnten somit Haus und Hof vor Blitzeinschlägen schützen. Außerdem war sie traditionell ein Bestandteil des Kräuterbüschels, der an Mariä Himmelfahrt (15. August) gebunden wurde und ebenfalls gegen Gewitter wirksam sein sollte.

Den Namen Margerite bekam sie übrigens von der Heiligen Margareta, die zu den sogenannten Nothelfern gehört. Dabei handelte es sich um 14 Heilige, die als Schutzpatrone angerufen wurden. Die Märtyrerin Margareta wurde während der Christenverfolgung furchtbar gefoltert und wegen der vielen Wunden, die man ihr zufügte, war sie für das gläubige Volk die Patronin der Wunden. Als wichtige Wundheilpflanze der damaligen Zeit bekam die Margerite den Namen der Heiligen.

Die Verknüpfung von Pflanzen mit Heiligenlegenden hatte durchaus eine gesundheitsfördernde Kraft, denn durch den Glauben wurden die Selbstheilungskräfte aktiviert. In den Jahren von 1910–1914 gab es in vielen deutschen Großstädten einen „Margeritentag", an dem vor allem junge Frauen „aus besseren Kreisen" Kunstblumen und Blumenpostkarten für wohltätige Zwecke verkauften. Die Gelder wurden für die Kinderkrankenpflege eingesetzt. Die Margeritentage waren damals sehr umstritten. So sahen manche Gesellschaftsschichten darin „eine sittliche Gefährdung für die jungen Mädchen", andere kritisierten den Blumentag als Alibihandlung des reichen Bürgertums, womit die soziale Ungerechtigkeit verschleiert werden sollte.

Ein schmackhaftes aromatisches Gemüse

Sammeln Sie die jungen Triebe und Rosettenblätter von März bis April. Wenn sie noch zart sind, schmecken sie etwas süßlich mit einem exotischen Aroma. Verwenden Sie sie für Suppen, Eierspeisen und Salate. Ein exzellentes Gemüse gibt es, wenn Sie Margeritentriebe, die gerade zu knospen

Die spatelförmigen Blätter sind am Blattrand grob gekerbt.

Die äußeren weißen Strahlenblüten schmecken besonders mild.

beginnen, in Butter oder Öl andämpfen und mit Salz und Pfeffer abschmecken. Die Triebe sollten höchstens 10 cm hoch sein. Sobald die Pflanze etwas älter und der Blütenstiel größer wird, entwickeln die Blätter einen bitteren unangenehmen Geschmack. Ab Mai können dann die geschlossenen Knospen und später die Blüten gesammelt werden. Die Blüten eignen sich als essbare Dekoration. Sie können auch die zarten Strahlenblüten auszupfen und über den Salat streuen. Früher orakelte man bei dieser Tätigkeit: »Er liebt mich, er liebt mich nicht ...« Und das letzte Blatt war das Entscheidende!

MEIN TIPP: Die Knospen sind in Öl angebraten oder ausgebacken eine kleine Delikatesse. Geschmacklich erinnern sie ein wenig an Zucchini. Sie können Sie aber auch ähnlich wie Gänseblümchen als falsche Kapern zubereiten (Gänseblümchen-Kapern, Seite 52). Die Wurzel ist verwendbar und kann als Gemüse gedünstet werden. Ihr Geschmack erinnert an Steckrüben.

Menschen mit empfindlicher Haut sollten beim Ernten vorsichtshalber Handschuhe tragen, denn es kommt vereinzelt vor, dass der Pflanzensaft in Verbindung mit Sonnenschein eine Kontaktallergie auslöst.

Gesundheits-Check

Die Wiesenmargerite gehört leider zu den noch kaum untersuchten Kräutern. Es ist davon auszugehen, dass sie ein ähnliches Nährstoffprofil besitzt, wie die nah verwandte Speisechrysantheme, die einen guten Vitamin-C- und Provitamin-A-Gehalt aufweisen kann.

Die bisher entdeckten Sekundären Pflanzenstoffe gelten als Radikalfänger, das heißt, sie fangen freie Radikale ab und machen sie unschädlich. Neben zahlreichen Flavonoiden findet man in der Margerite das für viele Stoffwechselprozesse lebenswichtige Cholin sowie Bitterstoffe, die den Appetit anregen und unseren Organismus stärken.

In der Volksheilkunde war die hübsche Wiesenblume vor allem wegen ihrer krampflösenden und hustenlösenden Wirkung im Einsatz. Sie galt als gutes Mittel bei krampfartigen Menstruationsbeschwerden und wurde außerdem bei Rheuma und Gicht empfohlen. Äußerlich wurde sie zur Wundheilung gebraucht.

Sicherheits-Check – Verwechslungen ausschließen

Die Wiesen-Margerite ist mit ihren großen endständigen Blütenköpfchen (3–5 cm) ein kaum verwechselbarer Korbblütler. Lediglich in den Alpen gibt es einige seltene nah verwandte Arten, die aber genauso genutzt werden können.

Ähnliche, aber kleinere Blüten haben die Kamille *(Matricaria recutita)*, die sich durch ihren typischen Kamillenduft und die fein gefiederten Blätter unterscheidet, sowie das kleinere Gänseblümchen (Seite 48) mit seinem blattlosen Blütenstängel. Wenn Sie den Blütenkelch der Margerite von unten betrachten, dann erkennen Sie ein typisches Merkmal – die dachziegelartig angeordneten Hüllblätter des Kelches.

Vor der Blüte wäre eine Verwechslung mit dem gelb blühenden Jakobskreuzkraut *(Senecio jacobaea)* möglich, das wegen der Pyrrolizidinalkaloide schwach giftig ist. Dieses hat jedoch größere Blätter, die auch deutlich tief gelappt sind. Die Grundblätter der Margeriten-Rosette sind dagegen spatelförmig und am Rand grob gekerbt. Die wenigen Stängelblätter sind etwas länglich und deutlich gezähnt.

Margeriten-Rezepte

Die aromatisch schmeckenden Margeritenblätter und -triebe können Sie in allen Basisrezepten (Seite 16) verarbeiten.

Frittierte Margeriten-knospen (vegetarisch)

Für 3–4 Personen als Vorspeise, 20 Min.

- 250 g Margeritenknospen
- 50 g Mehl
- 1 Ei
- 250 g Paniermehl
- 500 ml Öl
- Kräutersalz
- Pfeffer
- 1 Zitrone

Die Knospen so sammeln, dass ein kurzer Stiel daran stehen bleibt. Die Knospen zuerst in Mehl wenden, dann im verquirlten Ei und zuletzt im Paniermehl.

Nun werden die Blütenknospen portionsweise im heißen Öl gebacken. Das dauert 1 bis 2 Min. Mit einer Schaumkelle herausheben und auf Küchenpapier abtropfen lassen.

Mit Kräutersalz und Pfeffer würzen und mit Zitronenscheiben garniert als Vorspeise servieren.

TIPP Dazu passen getoastetes Weißbrot und ein Wildkräuter-Dip auf Quark- oder Joghurtbasis.

Margeriten-Rahm-Suppe

Für 4 Personen, 15–20 Min.

- 1 Zwiebel
- 2 Kartoffeln
- 1 EL Butter
- 500 ml Gemüsebrühe
- 300 ml Milch
- 150 g junge Margeritentriebe
- 150 g Sahne
- Salz
- Pfeffer
- nach Bedarf geröstete Brotwürfel oder Speck

Klein gehackte Zwiebel und klein geschnittene rohe Kartoffeln in Butter anbraten. Mit Brühe und Milch aufgießen und köcheln, bis die Kartoffeln gar sind.

Klein gehackte Margeritenblätter in die Suppe geben und ziehen lassen.

Suppe mixen oder pürieren und die Sahne dazugeben. Mit Salz und Pfeffer abschmecken.

TIPP Beim Anrichten können Sie in Butter angeröstete Brotwürfel oder gebratenen Speck darübergeben.

Frittierte Margeritenknospen

Wenn der Kuckuck spuckt

Wiesen-Schaumkraut

Cardamine pratensis
Kreuzblütengewächse

Fund- und Sammelorte: feuchte Wiesen, Auwälder und Gewässerufer

Verwendete Pflanzenteile: junge, zarte Blätter, Blüten, Schötchen

Geschmack: Blätter pfeffrig-scharf, Blüten milder, Schötchen pfeffrig

Verwechslung: andere Schaumkräuter (alle essbar)

Das Wiesenschaumkraut ist ein Frühlingsbote, der einen zarten Schleier über das Wiesengrün zaubert. Man ist versucht, davon einen Blumenstrauß nach Hause zu tragen. Aber die Freude ist nur von kurzer Dauer, denn die Blütchen fallen sehr schnell ab.

Seinen Namen erhielt das Kraut von den kleinen Schaumhäufchen, die man ab und zu am Stängel findet. Früher vermutete man, dass es sich dabei um Spucke handelt. Für den Übeltäter hielt man in manchen Gegenden den Kuckuck, in anderen die Hexen. Deshalb nannte man das Blümchen auch Kuckucksblume. Doch hinter der Spucke steckt jemand anderer: Die Larven von Schaumzikaden produzieren aus dem Pflanzensaft einen Schaum, in dem sie sich vor Sonnenhitze und Fressfeinden schützen.

Wild und scharf

Die jungen zarten Schaumkrautblätter sind wegen ihrer Schärfe nur als Gewürz zu verwenden. Der pfeffrig-scharfe Geschmack erinnert an Kresse, hat aber auch leicht bittere Töne. Das vitaminreiche Wiesengewürz ist ideal, um Kräuterbutter, Kräuterquark, Salatsoßen, Smoothies und Pesto aufzupeppen. Oder Sie genießen es fein geschnitten wie Kresse auf Butterbrot. Am besten kommt es roh zur Geltung, aber es würzt auch vorzüglich Suppen, Soßen und Eierspeisen.

Die Blätter des Wiesenschaumkrauts schmecken nur vor der Blüte von März bis April. Dann verlieren sie ihre angenehme Schärfe und werden immer bitterer und herber. Es ist schwierig, die jungen leckeren Rosettenblätter im Gras zu entdecken. Im jungen Stadium sind Blätter und Triebe meist rötlich gefärbt. Die Rosettenblätter am Boden sind aus rundlichen Blattpaaren zusammengesetzt, wobei das Endblättchen an der Spitze etwas größer ist.

Einfacher gestaltet sich das Sammeln beim Vielstängeligen Schaumkraut, das als Gartenunkraut leicht zu entdecken ist. Bei dem Frühblüher können Sie schon sehr früh im Jahr mit dem Sammeln beginnen, in milden Gegenden auch schon im Winter. Auch hier gilt: Der angenehme Geschmack verliert sich bei der Blüte!

Ab April werden dann die Blüten des Wiesenschaumkrauts gesammelt. Sie sind eine schöne und würzige Verzierung für Salate. Ihre Schärfe ist im Vergleich zu den Blättern

Die feinste Schärfe entwickeln die ganz jungen Triebe.

Mit seinen zartlila Blüten dominiert das Schaumkraut im Frühling die Wiesen.

milder. Die grünen Schötchen, die nach der Blüte erscheinen, eignen sich als pfeffriges Gewürz – einfach klein schneiden und unter die Speisen mischen. Aus den kleinen reifen Samen könnte theoretisch Senf hergestellt werden (vergleiche Knoblauchsrauken-Senf, Seite 70), allerdings dürfte die Ernte sehr aufwendig und wenig ergiebig sein.

Gesundheits-Check

Die Schaumkräuter sind sehr mineralienreich, vor allem Kalzium, Magnesium und Kalium sind vertreten. Aber auch Vitamin C und das Spurenelement Eisen gehören zu der guten Nährstoffausstattung.
Bei den Sekundären Pflanzenstoffen stehen die schwefelhaltigen Glucosinolate (Senfölglykoside) im Vordergrund, die zur Grundausstattung aller Kreuzblütler gehören. Diese antikanzerogen wirkenden Verbindungen reduzieren das Risiko von verschiedenen Tumorarten. Außerdem wirken sie stark antioxidativ und antibakteriell.
Früher wurden die harntreibenden und stoffwechselanregenden Schaumkräuter vor allem bei rheumatischen Erkrankungen sowie bei Frühjahrskuren zur sogenannten Blutreinigung eingesetzt. Aufgrund ihrer antibiotischen Wirkung eignen sie sich auch für den Einsatz bei Erkältungskrankheiten. Verwenden Sie sie für Heilzwecke möglichst frisch und nicht getrocknet. Sie können beispielsweise aus der frischen Pflanze eine Tinktur herstellen.

Sicherheits-Check – Verwechslungen ausschließen

Schaumkräuter haben einen scharfen Geschmack, der an Kresse oder Rettich erinnert. Es genügt schon der Biss auf ein kleines Blättchen, um die Schärfe im Mund zu spüren.

- Das Wiesenschaumkraut *(C. pratensis)* ist während der Blüte kaum verwechselbar. Zur Blütezeit (April bis Mai) kann es eine Wiese mit seinen zartlila Blüten kurzfristig dominieren. Die vier Blütenblätter weisen feine violette Äderchen auf und die gut sichtbaren Staubblätter sind gelb.
- Die Stängelblätter des Wiesenschaumkrauts sind im Gegensatz zu den anderen Schaumkräutern schmal gefiedert.
- Das etwas ähnliche Bittere Schaumkraut *(C. amara)* hat im Gegensatz dazu kleine weiße Blüten und violette Staubblätter. Es ist ebenfalls essbar, nur etwas bitterer.
- Das Vielstängelige Schaumkraut *(C. hirsuta)*, auch behaartes Schaumkraut genannt, wird nur halb so groß und hat kleine weiße Blütchen. Es hat sich in den letzten Jahrzehnten als Unkraut auf Äckern und in Gärten explosionsartig ausgebreitet. Die Blüte beginnt sehr früh im Jahr, meist schon Ende Februar/ Anfang März. Die Stängel sind unten oft violett überlaufen. Gärtner kennen das Kraut bestimmt, denn es fällt durch seine Vermehrungsart auf: Bei geringster Berührung platzen die Schotenfrüchte und schleudern den reifen Samen weit davon.

Unterwegs genießen

Ein besonderer Leckerbissen sind die knospigen Blütentriebe des Wiesenschaumkrauts, kurz bevor die Blüte beginnt. Wenn Sie die feine Kresseschärfe lieben, dann können Sie die Knospen roh knabbern oder Sie verfeinern damit ihre belegten Brote. Sollten Sie zu viel davon gesammelt haben, dann werden sie zu Hause wie Brokkoli ganz kurz in Butter gedämpft und mit Genuss verspeist.

Schaumkraut-Rezepte

Das Schaumkraut können Sie als scharf-würzige Beimischung in allen Basisrezepten (Seite 16) maßvoll verarbeiten. In großen Mengen können die Scharfstoffe allerdings die Magenschleimhäute reizen.

Schaumkraut-Aufstrich (vegetarisch)

Als Beilage, 5–10 Min.

- 50 g junge Schaumkrautblätter oder Triebspitzen
- 250 g Mascarpone
- 100 g Quark
- 1 TL Senf
- 1 zerdrückte Knoblauchzehe
- ein wenig Zitronensaft
- Salz
- Pfeffer

Schaumkraut fein schneiden und mit den restlichen Zutaten unter den Mascarpone schlagen.

TIPP Ideal als Aufstrich, als Dip zu Pellkartoffeln oder zum Verfeinern von Suppen, Soßen und Salaten.

Scharfer Smoothie (vegan)

Für 4 Personen, 5 Min.

- 4 Handvoll Schaumkrautblätter und -triebe
- 4 Äpfel
- 2 Bananen
- 6–8 Scheiben frischer Ingwer
- Saft einer Zitrone
- nach Bedarf ein Schuss Wasser oder Reis- und Hafermilch

Alle Zutaten in einen Mixer geben und so lange pürieren, bis ein cremiger Smoothie entstanden ist. Je nachdem wie flüssig er sein soll, variieren Sie mit der Zugabe von Wasser bzw. Hafermilch.

TIPP Der scharfe Smoothie ist ein idealer Kräftigungstrunk bei Erkältungen.

Schaumkraut-Aufstrich

Vorfahre der Gartenmöhre

Wilde Möhre

Daucus carota ssp. carota
Doldenblütengewächse

Fund- und Sammelorte: trockene Wiesen, Straßen- und Wegränder, sonnige Böschungen, trockene und kalkreiche Standorte

Verwendete Pflanzenteile: Blätter der Grundrosette, Pfahlwurzel, Blüten, Früchte

Geschmack: Blätter würzig, Wurzel möhrenähnlich, Früchte würzig, feinfruchtig

Verwechslung: siehe Tabelle Seite 156

Die Wilde Möhre ist ein Elternteil der orangefarbenen Gartenmöhre, die vielerorts auch Karotte oder Gelbe Rübe genannt wird. Der zweite Elternteil ist die südeuropäische Riesenmöhre. Die Züchtung der Gartenmöhre erfolgte schon vor vielen Jahrhunderten. Die Gartenmöhre gehört zu den großen Ausnahmen bei der Regel, dass die wilden Vorfahren gehaltvoller und gesünder sind. Das betrifft allerdings nur die Wurzel und nicht das Kraut. Vor allem die dunklen, teilweise violetten Züchtungen zeichnen sich durch einen hohen Gehalt an antioxidativen Carotinoiden und zellschützenden Anthocyanen aus.

Von Kopf bis Fuß ein aromatisches Gemüse

Bevor der Blütenstängel der zweijährigen Möhre austreibt, können Sie die zarten Blätter der Grundrosette und die Pfahlwurzel sammeln. Die beste Sammelzeit ist das zeitige Frühjahr, von März bis Mitte Mai. Aber es ist auch möglich, schon im Herbst des 1. Standjahres zu ernten. Wenn sich der Blütenstängel aus der Rosette erhebt, werden die Wurzeln holzig und sind kaum genießbar. Auch die Blätter werden dann immer strenger und herber im Geschmack.

Nehmen Sie die jungen Blätter der Blattrosette als Gewürz für Gemüse, Salate und Suppen. Es lässt sich daraus auch wunderbar Pesto oder ein grüner Smoothie herstellen. Die dünnen Wurzeln sind zwar nicht so zart wie die daraus gezüchtete Gartenmöhre, aber solange sie noch jung sind, können sie roh und gekocht wie diese zubereitet werden. Der Geschmack ist der Gartenmöhre ähnlich, nur etwas aromatischer und mit bitteren Anteilen. Um die langen Wurzeln unbeschädigt aus der Erde zu bekommen, sollten Sie mit Spaten oder Wurzelstecher unterwegs sein. Ab Juni können die Blüten geerntet werden.

MEIN TIPP: Tauchen Sie die Dolden mit den Blüten nach unten in Pfannkuchenteig und frittieren Sie diese in der Pfanne, bis sie knusprig braun sind.

Im Sommer reifen die sehr würzigen Früchte, die man zum Aromatisieren von Backwaren oder Likör einsetzen kann. Sie

Die gefiederten Blätter und vor allem die Blattstiele sind deutlich behaart.

In der Mitte der Blütendolde befindet sich die typische Mohrenblüte.

schmecken im ersten Moment sehr streng, entwickeln dann aber einen feinfruchtigen Duft. Deshalb eignen sie sich gut zum Würzen von süßen Gerichten wie Obstsalat oder Quark- und Joghurtspeisen. Zur Haltbarmachung werden die mit hakigen Härchen besetzten Früchte getrocknet.

Gesundheits-Check

Die Wilde Möhre hat eine gute Nährstoffzusammensetzung, auch wenn sie sich bezüglich der Primärstoffe der Gartenmöhre geschlagen geben muss. Diese enthält vor allem mehr Kohlenhydrate und Carotinoide. Aber auch in der Wilden Möhre finden sich viele Vitamine aus dem B-Komplex und verschiedene Carotinoide. Aus dem ß-Carotin stellt sich unser Organismus das wichtige Vitamin A her. Dies kann der Körper besser absorbieren, wenn die Möhre in Kombination mit Fett zubereitet wird.

Mit Sekundären Pflanzenstoffen ist die Wilde Möhre reich gesegnet. Deshalb besitzt sie ein hohes antioxidatives Potenzial. Außerdem wirken die Inhaltsstoffe antikanzerogen, schützen vor hohem Blutdruck und stärken das Immunsystem. Besonders wirksam sind dabei die antibakteriell wirkenden Polyacetylene und die Carotinoide.

In der Volksheilkunde nutzte man früher die zerquetschten Blätter bei Hautentzündungen und den Wurzelbrei bei Verbrennungen. Die Früchte wirken harntreibend, schmerzlindernd und menstruationsfördernd. Weil sie hautpflegende Öle enthalten, finden sie auch in der Kosmetik Anwendung.

Sicherheits-Check – Verwechslungen ausschließen

Während der Blüte kann die Wilde Möhre anhand einiger typischer Merkmale gut von ähnlichen weiß blühenden Doldenblütlern unterschieden werden: Im Zentrum der großen Dolde befindet sich meist eine dunkelrote, fast schwarze Blüte (Mohrenblüte). Außerdem können Sie direkt unter der Dolde ungewöhnlich lange, dreiteilig gefiederte Hüllblätter entdecken. Alle giftigen Verwechslungspflanzen haben keine oder nur ganz kleine Hüllblätter. Das dritte Merkmal ist der vogelnestartige Fruchtstand, der sich nach der Blüte entwickelt.
Im ersten Lebensjahr blüht die Wilde Möhre nicht, sondern sie zeigt sich als bodenständige Rosette, mit mehrfach gefiederten Blättern. Dieses Stadium ist wichtig für die Ernte der Wurzeln und jungen Blätter, denn während der Blüte im zweiten Jahr können diese nicht mehr genutzt werden.
Im Rosettenstadium kann es also zu Verwechslungen mit anderen Doldenblütlern kommen, die ähnlich gefiederte Blätter besitzen. Typisch Möhre ist jedoch, dass die Blätter deutlich behaart sind. Beim Zerreiben riechen sie möhrenartig. Noch stärker und deutlicher riecht die dünne weißliche Wurzel, wenn man sie anschneidet.
Die giftigen »Verwechsler« haben kahle Blätter und keinen angenehmen Geruch. Die Verwechslungspflanzen der Möhre, finden Sie mit ihren besonderen Bestimmungsmerkmalen in der Tabelle auf Seite 156.

»DIE BLÄTTER SIND HAARIG UND DUFTEN FEIN, DANN MUSS ES WOHL DIE MÖHRE SEIN.«

Unterwegs genießen

Die Wurzeln und Blätter der Wilden Möhre geben jedem Lagerfeuereintopf die nötige wilde Würze. Beachten Sie den richtigen Erntezeitpunkt (April/Mai), sonst wird der Genuss durch bitteren Geschmack und zähe Konsistenz beeinträchtigt.

Wilde Möhren-Rezepte

Die Blätter der Möhre können Sie in allen Basisrezepten (Seite 16) verarbeiten. Die Wurzeln sollten Sie für den Rohgenuss fein raspeln oder mit dem Wiegemesser zerkleinern. Ein eventuell holzig gewordener Kern wird entfernt. Zum Dünsten schneiden Sie die Wurzel in feine Scheibchen. Festere Teile werden notfalls püriert.

Wild gewordener Möhren-Pudding (vegetarisch)

Für 4 Personen, 15 Min. + 2 Stunden Kühlzeit

- 60 g Möhrenfrüchte
- ½ Vanilleschote
- 1 Prise Salz
- 500 ml Milch
- 40 g Zucker
- 40 g Speisestärke
- 2 Eigelb
- 2 EL kalte Milch

Möhrenfrüchte im Mörser anstoßen und Vanilleschote der Länge nach aufschneiden. Zusammen mit Salz in die Milch geben, zum Kochen bringen und 5 Min. ziehen lassen.

Zucker, Stärke und Eigelb mit 2 EL Milch glattrühren. Gewürze aus der Milch sieben und nochmals aufkochen.

Unter ständigem Rühren die Stärke-Zucker-Mischung dazugeben und Topf vom Herd nehmen. 4 Tassen mit kaltem Wasser ausspülen, Pudding einfüllen und 2 Stunden kühl stellen.

Auf Dessertteller stürzen und mit heißen Himbeeren servieren.

TIPP Die Möhrenfrüchte können durch Möhrenblüten ersetzt werden.

Wurzelsuppe mit Wilden Möhren (vegetarisch)

Für 4 Personen, 45 Min.

- 250 g Wilde Möhren
- 250 Pastinaken
- 125 Garten-Möhren
- 125 g Kartoffeln
- 3 EL Öl oder Butter
- 1 Liter Gemüsebrühe
- 100 g Crème fraîche
- Kräutersalz
- Pfeffer
- Koriander
- Möhrenfrüchte

Wurzeln säubern, schälen und in kleine Stücke schneiden. In Fett kurz andünsten und mit der Brühe aufgießen.

Klein geschnittene Kartoffeln zugeben.

Bei schwacher Hitze 20–30 Min. köcheln lassen und gelegentlich umrühren.

Suppe pürieren und Crème fraîche unterrühren. Mit Kräutersalz und den frisch gemörserten Gewürzen abschmecken.

Nach Belieben mit Weißbrot-Croûtons servieren.

Wurzelsuppe mit Wilden Möhren

Service

Zum Weiterlesen

Beiser Rudi, **Unsere essbaren Wildpflanzen**, Kosmos 2014

Beiser Rudi, **Essbare Wildkräuter und Wildbeeren für unterwegs**, Kosmos 2012

Beiser Rudi, **Vergessene Heilpflanzen**, AT 2016

Beiser Rudi, **Kraft und Magie der Heilpflanzen**, Ulmer 2013

Beiser Rudi, **Kräuterglück**, Ulmer 2015

Beiser Rudi, **Tee aus Kräutern und Früchten**, Kosmos 2015

Couplan François, **Wildpflanzen für die Küche**, AT Verlag 1997

Dreyer Eva Maria und Wolfgang, **Wildkräuter, Beeren und Pilze**, Kosmos 2005

Dreyer Eva-Maria, **Wildkräuter und ihre giftigen Doppelgänger**, Kosmos 2007

Fleischhauer Steffen Guido, **Enzyklopädie der essbaren Wildpflanzen**, AT Verlag 2003

Fleischhauer Steffen Guido, **Essbare Wildpflanzen**, AT Verlag 2007

Lange-Fricke Iris, **Detox ganz grün**, Trias Verlag 2015

Nentwig Celia, **Wildpflanzen**, Ulmer 2012

Roth, Lutz/Daunderer, Max/Kormann, Kurt, **Giftpflanzen – Pflanzengifte: Vorkommen, Wirkung, Therapie – allergische und phototoxische Reaktionen**, Nikol Verlags-GmbH 2008

Schmid Franziska: **7 Tage grün**, Trias Verlag 2014

Spohn Margot: **Was blüht denn da?**, Kosmos 2008

Internetseiten

www.gifte.de
www.giftpflanzen.com
www.unkraeuterschule.de
www.kaesekessel.de
www.essbare-wildpflanzen.de
www.nafoku.de/flora
www.heimische-wildpflanzen.de
www.floraweb.de
www.wildkräuterwelten.de

Rezeptregister

Basisrezepte

Beilagen

Extras

Salate

Smoothies

Suppen

Warme Gerichte/Hauptgerichte

Stichwortverzeichnis

LIEBE LESERIN, LIEBER LESER,

hat Ihnen dieses Buch weitergeholfen? Für Anregungen, Kritik, aber auch für Lob sind wir offen. So können wir in Zukunft noch besser auf Ihre Wünsche eingehen. Schreiben Sie uns, denn Ihre Meinung zählt!
Ihr TRIAS Verlag

E-Mail-Leserservice
kundenservice@trias-verlag.de
Lektorat TRIAS Verlag
Postfach 30 05 04 · 70445 Stuttgart
Fax: 0711 89 31-748

Kurzportraits der Kräuter zum Download

www.trias-verlag.de/wildkraeuter

Giftige Verwechsler

Die folgenden zwei Tabellen (Seite 156, Seite 157) fassen die wichtigsten Unterscheidungsmerkmale von Bärlauch und Wilder Möhre mit möglichen giftigen »Verwechslern« zusammen.

Einige botanische Erklärungen:

- 2- bis 3-fach gefiedert: Blätter aus mehreren Teilblättchen, die noch 2- bis 3-fach eingeschnitten sind
- Doppeldolde: Dolde, die sich in Döldchen verzweigt
- Hülle: Tragblätter der Dolde
- Hüllchen: Tragblätter der Döldchen

Wilde Möhre und ihre giftigen Verwechsler

Pflanze		Geruch	Stängel	Blüte/Hülle/Hüllchen	Blattfiederung	Blattbehaarung	Giftwirkung
	Wilde Möhre (Seite 144)	möhrenartig	gefurcht, rau behaart	große fiederspaltige Hüllblätter, zahlreiche Hüllchen	2- bis 3-fach	deutlich behaart	ungiftig
	Hecken-Kälberkropf	schwach möhrenartig	violett gefleckt, borstig behaart	Hülle fehlt, 5–8 lanzettliche Hüllchen	2- bis 3-fach	rau behaart	schwach giftig
	Hundspetersilie	unangenehm, etwas lauchartig	unten rötlich überlaufen, unbehaart	Hülle fehlt meist, 3–5 Hüllchen lang und schmal, nach außen gerichtet, herabhängend	2- bis 3-fach	kahl	giftig
	Schierling	äußerst widerlich (Mäuseurin)	runder Stängel, violett gefleckt, mit Reif überzogen, kahl	2–6 kleine zurückgeschlagene Hüllblätter und 3–6 nach außen gerichtete dreieckige Hüllchen	2- bis 3-fach	kahl	sehr giftig

Bärlauch und seine giftigen Verwechsler

Pflanze	Geruch	Blattstiel	Blüten	Blattanordnung	Blattfarbe/-form	Giftwirkung
 Bärlauch (Seite 30)	Knoblauchduft	einzelnes Blatt an langem Blattstiel	kugelige Sammelblüte, anfangs in Hülle	grundständig, meist 2 Blätter aus einer Zwiebel	hellgrün, unterseits matt, weich, Blätter elliptisch-lanzettlich	ungiftig
 Aronstab	kein Knoblauchduft	einzelnes Blatt am Blattstiel	kolbenförmiger Blütenstand, mit umhüllendem Hochblatt	Grundrosette, Blätter direkt aus dem Wurzelstock	Blattunterseite glänzend, nur junge Blätter sind länglich-eiförmig, ältere Blätter pfeilförmig	ätzend
 Maiglöckchen	kein Knoblauchduft	paarweise am selben Stängel, kein deutlicher Blattstiel	glockenförmige Blüten am Stängel	grundständig, stängelumfassend, ineinandergerollt	blaugrün, unterseits glänzend, Blattform elliptisch	giftig, herzwirksam
 Herbstzeitlose	kein Knoblauchduft	zu mehreren (meist drei) am selben Stängel, kein Blattstiel	Samenkapsel in Blattrosette, krokusähnliche Blüten erscheinen erst im Herbst	grundständig, stängelumfassend, ineinandergewickelt	Oberseite stark glänzend, fleischig, eher schmal und lanzettlich, am Mittelnerv deutlich gekielt	sehr giftig

Sammelkalender

Sammelkalender

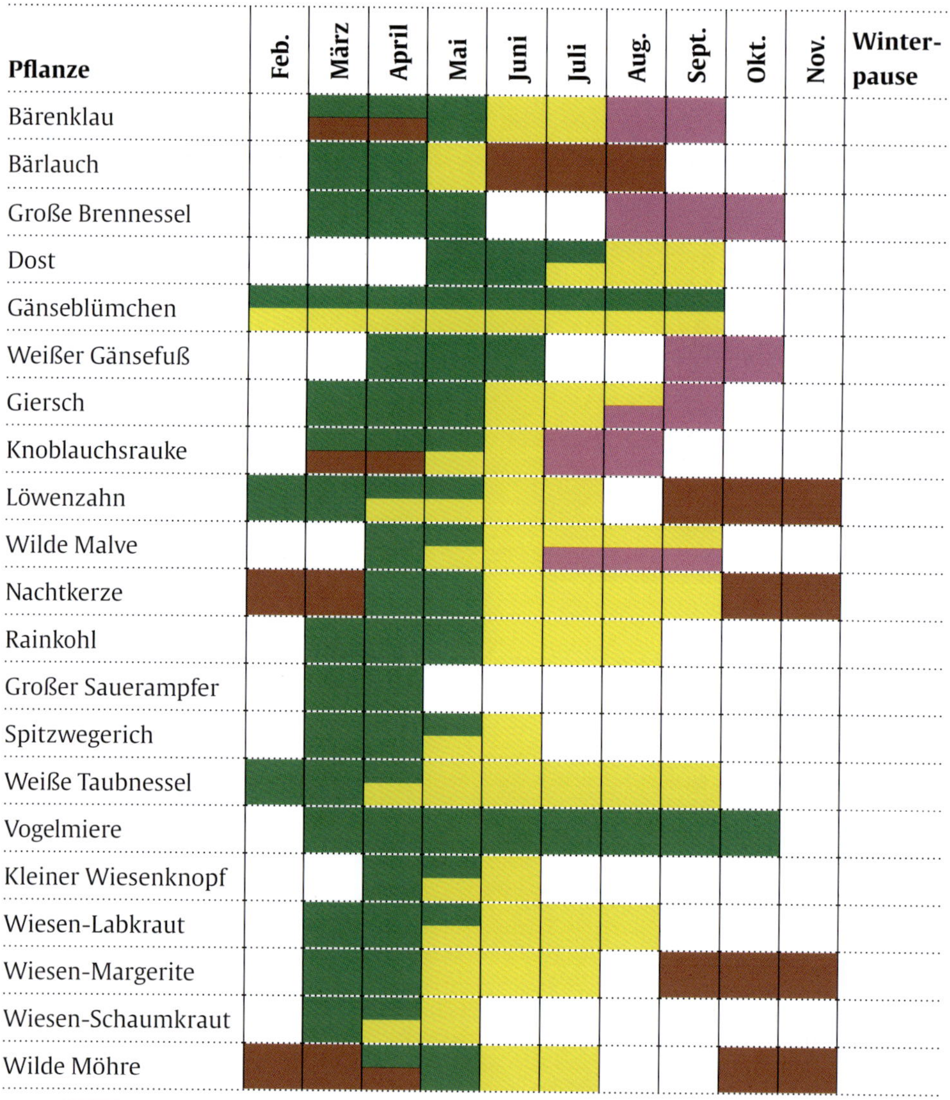

Blatt: ▬, Blüte: ▬, Frucht/Samen: ▬, Wurzel: ▬

Bibliografische Information der Deutschen Nationalbibliothek
Die Deutsche Nationalbibliothek verzeichnet diese Publikation in der Deutschen Nationalbibliografie; detaillierte bibliografische Daten sind im Internet über http://dnb.d-nb.de abrufbar.

Programmplanung: Sibylle Duelli
Redaktion: Sabine Klonk, Stuttgart
Bildredaktion: Christoph Frick

Umschlaggestaltung und Layout:
CYCLUS Visuelle Kommunikation, Stuttgart

Bildnachweis:
Umschlagfoto, alle Fotos im Innenteil und Styling: Anke Schütz, Buxtehude. S. 80, rechts: Rudi Beiser, Friesenheim.
Illustrationen: Mit freundlicher Genehmigung des Kosmos Verlags. Auszüge entnommen aus: Beiser, Unsere essbaren Wildkräuter
© 2014 Franckh-Kosmos Verlags-GmbH & Co. KG, Stuttgart
Ilustrationen (S. 156/157) von Marianne Golte-Bechtle. »Bärlauch« und »Aronstab« (S. 157) von Roland Spohn.

1. Auflage

Printed in Germany

Satz und Repro: Fotosatz Buck, Kumhausen
Gesetzt in Adobe InDesign CS6
Druck: AZ Druck und Datentechnik GmbH, Kempten

Gedruckt auf chlorfrei gebleichtem Papier

ISBN 978-3-432-10265-8

Auch erhältlich als E-Book:
eISBN (PDF) 978-3-432-10266-5
eISBN (ePub) 978-3-432-10267-2

2 3 4 5 6

Wichtiger Hinweis: Wie jede Wissenschaft ist die Medizin ständigen Entwicklungen unterworfen. Forschung und klinische Erfahrung erweitern unsere Erkenntnisse. Ganz besonders gilt das für die Behandlung und die medikamentöse Therapie. Bei allen in diesem Werk erwähnten Dosierungen oder Applikationen, bei Rezepten und Übungsanleitungen, bei Empfehlungen und Tipps dürfen Sie darauf vertrauen: Autoren, Herausgeber und Verlag haben große Sorgfalt darauf verwandt, dass diese Angaben dem Wissensstand bei Fertigstellung des Werkes entsprechen. Rezepte werden gekocht und ausprobiert. Übungen und Übungsreihen haben sich in der Praxis erfolgreich bewährt.

Eine Garantie kann jedoch nicht übernommen werden. Eine Haftung des Autors, des Verlags oder seiner Beauftragten für Personen-, Sach- oder Vermögensschäden ist ausgeschlossen.

Geschützte Warennamen (Warenzeichen®) werden nicht besonders kenntlich gemacht. Aus dem Fehlen eines solchen Hinweises kann also nicht geschlossen werden, dass es sich um einen freien Warennamen handelt.